WALTER SCHULZ

* 1912

DER GOTT DER NEUZEITLICHEN METAPHYSIK

NESKE

Die beiden ersten Aufsätze geben den Text von zwei Vorträgen, die in Tübingen 1955 und 1956 gehalten wurden. Die beiden letzten Aufsätze wurden gleichzeitig konzipiert.

Siebte Auflage 1982

Druck der Omnitypie-Gesellschaft Nachf.
Leopold Zechnall Stuttgart
Gebunden bei Heinr. Koch Tübingen
Printed in Germany
ISBN 3 7885 0140 5

VORWORT

Die philosophische Deutung der Geschichte der neuzeitlichen Metaphysik wird seit 150 Jahren von einer bestimmten Konzeption getragen, die in allen Wandlungen eine erstaunliche Kontinuität aufweist. Diese Konzeption sieht den Sinn des Weges des neuzeitlichen metaphysischen Denkens in der Herausarbeitung des autonomen Selbstbewußtseins. Der Initiator dieser Auslegung ist *Hegel*, der die erste moderne Geschichte der Philosophie schrieb, die von einem einheitlich systematischen Gesichtspunkt ausgeht. Hegel bestimmt die Geschichte der Philosophie als den notwendigen Gang zum Sich-begreifen des absoluten Geistes. Dies Begreifen ist der Sinn der fast 2500 Jahre währenden Bemühungen des Geistes, «seiner *ernsthaftesten Arbeit*, sich selbst objektiv zu werden, sich zu erkennen» [1]. Diese Konzeption Hegels wurde im späteren 19. Jahrhundert «aufgehoben». Sie wurde negiert: nicht mehr der absolute Geist, sondern der reale Mensch galt nun als der Akteur der Geschichte; sie wurde aber gleichzeitig konserviert: das Motiv des sich entwickelnden Fortschritts erschien weiterhin als das bestimmende Gesetz des geschichtlichen Weges. Im 20. Jahrhundert bis zur Gegenwart hin ist diese Deutung des späteren 19. Jahrhunderts wiederum «aufgehoben» worden. Negiert wurde die positive Bewertung der Entwicklung, vielmehr erschien nun der geschichtliche Weg der Neuzeit als der verhängnisvolle Aufstand des Menschen, der sich aus den Ordnungen und Bindungen des Seins herausgelöst hatte. Aber – und darin liegt die Konservierung – auch hier blieb die Vorstellung leitend, daß die Geschichte der neuzeitlichen Metaphysik ein stetiger Weg zur Autonomie sei.

Um diese Konzeption der neuzeitlichen Metaphysik in ihrer durch alle Wandlungen hindurch sich erhaltenden Kontinuität beispielhaft zu illustrieren, sei kurz auf die Deutung *Descartes'* hingewiesen, der als der Gründer der neuzeitlichen Philosophie erscheint. Hegel erklärt in seinen «Vorlesungen über die Geschichte der Philosophie»: «Wir kommen eigentlich jetzt erst zur Philosophie der neuen Welt, und fangen diese mit Cartesius an. Mit ihm treten wir eigentlich in eine selbständige Philosophie ein, welche weiß, daß sie selbständig aus der Vernunft kommt, und daß das Selbstbewußtseyn wesentliches Moment des Wahren ist. Hier, können wir sagen, sind wir zu Hause, und können, wie der Schiffer nach langer Umherfahrt auf der ungestümen See, ‹Land› rufen . . .» [2]. Das spätere 19. Jahrhundert schrieb diese Deutung um. Descartes' Philosophie erschien nicht mehr als eine wesentliche Stufe auf dem Weg der absoluten Vernunft zu sich selbst, sondern als Entdeckung des autonomen Menschen, der sich durch die philosophische Grundlegung der Wissenschaft seine Vormachtstellung erweist. Als Zeugnis sei *Wilhelm Dilthey* angeführt. Der Idealismus der Freiheit, so heißt es in Diltheys «Abhandlungen zur Weltanschauung und Analyse des Menschen seit Renaissance und Reformation», verlegt «in Descartes das ihm eigene gesteigerte Bewußtsein von Würde und freier Macht der Person in die souveräne Selbstgewißheit, welche mit der konstruktiven Macht des mathematischen Geistes so oft und so naturgemäß verbunden ist . . . Descartes ist die Verkörperung der auf Klarheit gegründeten Autonomie des Geistes. In ihm lebt eine originale Verbindung vom Freiheitsbewußtsein mit dem Machtgefühl des rationalen Denkens» [3]. Auch diese Deutung wurde aufgehoben, indem gerade die Herausstellung der souveränen Selbstgewißheit der freien Person als Negation einer Einordnung des Menschen in das Ganze des Seins bestimmt und solchermaßen negativ bewertet wurde. Wir führen als Zeugnis dieser Deutung einige Sätze

Martin Heideggers aus dem Aufsatz «Die Zeit des Weltbildes» an: «Die Meditationes de prima philosophia geben die Vorzeichnung für die Ontologie des Subjectum aus dem Hinblick auf die als conscientia bestimmte Subjektivität. Der Mensch ist das Subjectum geworden ... Descartes schafft mit der Auslegung des Menschen als Subjectum die metaphysische Voraussetzung für die künftige Anthropologie jeder Art und Richtung. Im Heraufkommen der Anthropologien feiert Descartes seinen höchsten Triumph.» Aber diese Gründung der Anthropologie erscheint nun gerade negativ; insofern sie den Menschen als Bezugsmitte des Seienden aus seinem eigenen Selbstbewußtsein her sichert, hat sie sich als adäquate Frage nach dem Menschen schon verstellt. «Anthropologie ist», so sagt Heidegger, «jene Deutung des Menschen, die im Grunde schon weiß, was der Mensch ist und daher nie fragen kann, wer er sei. Denn mit dieser Frage müßte sie sich selbst als erschüttert und überwunden bekennen. Wie soll dies der Anthropologie zugemutet werden, wo sie doch eigens und nur die nachträgliche Sicherung der Selbstsicherheit des Subjectum zu leisten hat?» [4]

Die Descartes-Forschung – insbesondere in Frankreich – hat nun aber seit dreißig Jahren in gelehrten und gründlichen Arbeiten gezeigt, daß Descartes' Metaphysik keineswegs eine eindeutige Herausstellung des selbstbewußten Ichs bedeutet, sondern daß in ihr über das Ich Gott als das eigentliche Subjekt gestellt wird, das die Welt im Ganzen einschließlich des Menschen trägt und bestimmt. Aber diese Deutung ist nie zur Frage der Historiker der Philosophie an sich selbst geworden, ob denn die bisherige Grundkonzeption vom Wesen der in Descartes beginnenden neuzeitlichen Metaphysik wirklich legitim sei.

Eine solche Frage legt sich aber nahe. Blicken wir auf die auf Descartes folgende Epoche, so erscheint in ihr nicht der Mensch, sondern Gott als das eigentliche Maß der Dinge. *Spinoza* beginnt seine «Ethik» mit einer Definition Gottes, nach der Gott das

Ganze des Seins umfaßt. *Leibniz* erklärt, diese Definition des Spinoza modifizierend, Gott sei die Ursache aller Dinge als die Substanz, die den Grund ihrer Existenz in sich selbst trage und darum notwendig und ewig sei. Auch *Kant* intendiert keine Herausstellung des Menschen, sondern grenzt seine Erkenntnis ein, und diese Eingrenzung zeigt sich gerade angesichts des so natürlichen Verlangens der Vernunft, Gott und die metaphysischen Gegenstände erkennen zu wollen. Der *Deutsche Idealismus* stellt Gott wieder in das Zentrum, und nicht nur in der Weise, daß er ihn aufhebt in den absoluten Geist; gegen diese Lösung *Hegels* stehen der *späte Fichte* und der *späte Schelling*. Fichte setzt nicht das Wissen als das Absolute, sondern erklärt, daß nur Eines schlechthin durch sich sei, nämlich Gott, von dem alles Wissen abhänge. Schelling deklariert um 1850 eine Philosophie, in der die Vernunft gerade durch die Frage nach ihrem eigenen Sein gezwungen wird, einen Gott über sich zu setzen. Und am Ende desselben Jahrhunderts sucht *Nietzsche* ausdrücklich den Menschen aufzuheben, indem er ihn zurücknimmt in die Kreisbewegung, die unter dem Namen des Gottes Dionysos als das eigentliche Sein erscheint.

Diese hier nur beispielhaft herausgegriffenen Zeugnisse fordern auf, unter dem Gesichtspunkt des Gottesproblems erneut nach dem philosophischen Sinn der neuzeitlichen Metaphysik zu fragen.

CUSANUS UND DIE GESCHICHTE DER NEUZEITLICHEN METAPHYSIK

Diese Vorlesung setzt sich nicht zur Aufgabe, den historischen Wirkungen des großen Kardinals Nikolaus von Kues nachzufragen, ihr Anliegen ist vielmehr, den Ansatz seines Denkens herauszuarbeiten und zu zeigen, daß dieser Ansatz die neuzeitliche Metaphysik bis zur Gegenwart bestimmt. Wir suchen in einem ersten Teil die Wesensstruktur des cusanischen Denkens darzulegen, indem wir die Bestimmung, die Cusanus von *Gott* gibt, entwickeln.

Der cusanische Gottesbegriff unterscheidet sich grundlegend vom mittelalterlich-scholastischen Gottesbegriff. Das Wesen dieses mittelalterlichen Gottesbegriffes tritt klar heraus im ontologischen Gottesbeweis des *Anselm von Canterbury*. Anselm bestimmt Gott als das Größte, weil über ihn hinaus nichts Größeres gedacht werden kann. Dieser Superlativ – das Größte – ist komparativisch gedacht, denn er bleibt im Vergleichszusammenhang mit kleineren Größen. Das Denken bewegt sich hier im Ganzen eines einzigen Seinszusammenhanges. *Innerhalb* seiner setzt es höhere und niedere Seinsstufen an, die aber, insofern sie seiend sind, vergleichbar sind. Die höchste Stufe, Gott, ist zwar rangmäßig von den unteren unterschieden, und als solche trägt sie die unteren Stufen, aber sie ist diesen geringeren Stufen analog.

Im späteren Mittelalter beginnt sich diese Seinsordnung aufzulösen. Als Grund dieser Auflösung wird heute von den Historikern der Philosophie zumeist das Bestreben des Menschen angegeben, sich selbst in den Vordergrund zu stellen und Gott als tragende Seinsmacht zu entmächtigen. In der Tat: Gott rückt in die Ferne, aber nicht zugunsten einer Vormachtstellung des

Menschen. Vielmehr versuchen die Denker dieser Zeit gerade, *Gott an ihm selbst und das heißt nicht mehr als vergleichbar mit dem welthaft Seienden zu erfassen.* Wir müssen uns hier auf eine sehr fragmentarische Andeutung der beiden Hauptlinien beschränken. Die eine Linie führt von *Occam* über *Descartes* zu *Luther*. Hier wird Gott als reine Willensmacht bestimmt. Für Descartes, um auf ihn beispielhaft hinzuweisen, ist Gott nicht mehr der Träger einer vernünftigen Ordnung, sondern die Macht, die eine Ordnung allererst setzt; wie ein König der Schöpfer der Gesetze ist, so hat Gott, wie Descartes erklärt, gewirkt, daß $2 + 2 = 4$ ist. Auch die zweite Linie, die über *Eckhart* zu *Cusanus* führt, entnimmt Gott der vergleichbaren Seinsordnung. Gott ist nicht begreifbar, denn begreifbar ist nur welthaft Seiendes, das als das und das feststellbar ist. Gott aber ist kein welthaft Seiendes, von diesem her gesehen ist er ein Nichts. Aber neben diese negative Bestimmung, die erwächst, wenn man Gott mit dem Seienden vergleicht, tritt nun eine positive. Gott wird als *intelligere* und damit als Subjekt im modernen Sinne bestimmt. Da diese Bestimmung wesentlich ist, müssen wir sie ein wenig zu erläutern suchen.

Zunächst eine Vorbemerkung. Die Geschichte der *Philosophie der Subjektivität* liegt noch weitgehend im Dunkeln. Geht man vom philosophischen Sprachgebrauch aus, so bezeichnet subjectum im Mittelalter das Sein dessen, was sich uns real und aktual darbietet, während das objectum eben dies Sein in der Weise der Vorstellung, der *Objektion ist.* Dieser Sprachgebrauch bleibt über Descartes hinaus erhalten. In völliger Klarheit tritt erst bei Kant und im Deutschen Idealismus die uns vertraute Bedeutung von *Subjekt* und *Subjektivität* heraus, die unter dem Subjekt das ichhaft sich vollziehende Tätigsein versteht. Hegel bringt diesen modernen Begriff des Subjektes in dem bekannten Satz zum Ausdruck, daß alles darauf ankäme, «das Wahre nicht als *Substanz*, sondern eben so sehr als *Subjekt* aufzufassen und auszudrücken» [5]. Aber Hegel zieht mit diesem Satz nur die letzte Konsequenz aus dem ihm vorausgehenden Denken, denn der Sache nach ist seit dem Beginn der Neuzeit unser moderner Begriff der Subjektivität wirksam: das *eigentlich Seiende* wird gerade nicht mehr als dinglich vorhandenes, substantielles Etwas, sondern als geistig-ichhafter Selbstvollzug bestimmt.

Diese positive Bestimmung Gottes als reiner Subjektivität zeigt sich in klarer Weise bei *Eckhart*. Eckhart fragt in den «Quaestiones Parisienses», «ob in Gott Sein und Verstehen dasselbe seien», und er beantwortet diese Frage, indem er erklärt: «Ich zeige, daß ich nicht der Meinung bin, daß Gott versteht, weil er ist, sondern weil er versteht, deswegen ist er, so daß Gott Verstand und Verstehen ist, und das Verstehen selbst die Grundlage seines Seins ist» [6]. Das besagt: Gott wird nicht mehr bestimmt als vorhandenes Seiendes, dem sachhaltig angebbare Eigenschaften zukommen, Gott ist vielmehr Vollzug, und zwar Vollzug des eigenen Denkens.

Cusanus hat diesen Begriff Gottes aufgenommen. Daß Gott reine nichtseiende Subjektivität ist, dies ward zur Grundbestimmung seines Denkens. Wir ziehen zur Verdeutlichung den kurzen Dialog «*Vom verborgenen Gott*» aus dem Jahr 1445 heran. Dort fragt der Heide den Christen, wie die Christen Gott benennen. Im Verlauf des Gespräches werden immer neue Namen genannt, aber alle treffen nach der Meinung des Christen auf Gott nicht zu. Ich gebe ein Beispiel: der Christ erklärt, Gottes Größe sei nicht zu erfassen, er bleibe unsagbar (ineffabilis). Der Heide nimmt das sofort auf und fragt: «Also ist Gott der Unsagbare?» Aber der Christ sagt: «Nein, wie könnte doch Gott, der allem Seienden Namen gibt, selbst ohne Namen sein?» Das Gespräch scheint ergebnislos zu enden. Da plötzlich, ganz am Ende gelingt eine Antwort: Theos (deus) kommt vom griechischen «theoreo», das heißt ich sehe [7]. Diese etymologische Auskunft ist nicht neu. Traditionelle Deutungsversuche leiten Gott von *theo* oder *theo*-

reo ab: Gott *durchläuft* alles, oder: Gott *sieht* alles. Auch die Erklärung, die Cusanus hier für die Ableitung des Wortes *theos* von *theoreo* gibt, ist traditionell. Cusanus greift zunächst auf einen Zusammenhang zurück, den Aristoteles in seiner Schrift «Über die Seele» diskutiert. Aristoteles entwickelt dort, daß jeder Sinn auf ein spezifisches Gebiet bezogen sei; so habe das Sehen es mit Sichtbar-Farbigem zu tun. Damit aber das Sehen die Farbe erfassen könne, müsse es selbst unfarbig sein. Cusanus nimmt dies auf und erklärt: in der Region der Farbe wird der visus nicht gefunden. Die Sehkraft ist im Bereich der Farbe, so heißt es, weit eher ein Nichts denn ein Etwas. Diesen Bezug von Sehen und Farbigem überträgt nun Cusanus und sagt: wie sich das Sehen zu Farbigem, so verhält sich Gott zu allem Seienden, er ist außerhalb seiner, damit er alles Seiende seiend machen und mit Namen benennen kann. Die betreffende Aristotelesstelle finden wir nun auch, und zwar mit Nennung des Aristoteles, bei Eckhart in der vorhin angezogenen «Quaestio». Der Sinnzusammenhang ist bei beiden Denkern derselbe: Gott ist kein Seiendes, vom Seienden her gesehen ist er ein Nichts, aber in sich selbst positiv bestimmt ist er reine Subjektivität: *videre* und *intelligere*.

Aus dieser Bestimmung Gottes als reiner Subjektivität ergibt sich nun eine ganz neue Konzeption der *Schöpfung*, deren Grundzug wir uns kurz verdeutlichen. Cusanus geht wiederum davon aus, daß Gott das Sehen an ihm selbst ist, und zwar in der Dreifaltigkeit von Sehendem, Gesehenem und beides verbindendem Vorgang des Sehens. Diese Dreifaltigkeit ist eine Einheit: weder ist der Sehende als Sehender ohne Gesehenes, noch ist das Gesehene als Gesehenes ohne Sehenden, sondern beide sind im Sehen vereint. Gott ist die ursprüngliche Drei-einheit dieses Sehens. Das besagt, daß Gott den Gesamtvorgang des Sehens erst *bildet*. Gott schafft, indem er das Seiende er-sieht, denn Gottes Sehen ist eine vis entificativa. *Wie* Gott als seinsschaffende Kraft ersieht, entzieht sich, so sagt Cusanus, dem menschlichen Wissen. Wir können den Bezug Gottes zum Seienden nur änigmatisch (im Rätselwort), conjectural (in Vermutungen), das heißt überhaupt nur bildhaft erfassen. Eines dieser Bilder ist das Schema der Implikation und Explikation. Dieses der Tradition entnommene Schema ist für Cusanus nicht, wie oft behauptet wird, eine feste Lehre, sondern nur ein Bild für das göttliche Erschaffen. Das Explizieren ist ein Bilden von zuvor auch in Gott nicht Vorhandenem. Cusanus bringt in seinem Dialog «Über den Geist» ein Beispiel für dieses göttliche Erschaffen aus dem menschlichen Bereich. Der Hauptunterredner ist ein Laie, und zwar ein Löffelschnitzer. Dieser Löffelschnitzer schafft künstliche Dinge, deren Idee in der Natur nicht zu finden ist. Er *bildet* allererst die Löffelform, und darin, so heißt es, sei seine Kunst der unendlichen Kunst ähnlich. Der Schöpfungsvorgang kann also in keiner Weise durch einen Rekurs auf einen «christlichen Platonismus» erläutert werden. In Gott ist keine Vielfalt von Ideen, Gott ist, so sagt Cusanus, das eine und einzige Urbild (exemplar) als bildende Macht. Als solche bringt er selbst Bilder hervor, denn *bilden* heißt ein sichtbares Bild machen von an sich selbst nicht Sichtbarem. Das Sichtbare ist als Gesehenes das abbildhaft Ausgefaltete des im ersehenden Gott noch Eingefalteten. Das sichtbare Abbild ist also schon immer, aber als unsichtbares, im bildenden Urbildner; und umgekehrt: das unsichtbare Urbild ist, aber als sichtbar gewordenes, immer noch im Abbild aufbewahrt.

Nimmt man diesen dialektischen Zusammenhang von Gott und Seiendem ernst, so zeigt sich: der Gott des Cusanus ist nicht ohne Welt. Cusanus kennt kein Für-sich-sein eines von der Welt abgetrennten Gottes. Gott kommt sowenig ohne das Seiende vor, wie das Sehende ohne Gesehenes, und das Seiende ist sowenig ohne Gott, wie das Gesehene ohne Sehenden. Das Seiende ist der sichtbar gewordene Gott. Aber beides, Gott als unsichtbar Ersehender und das Seiende als sichtbar ersehener Gott, sind vereint von Gott als dem Sehen, das heißt dem zur Einheit verbindenden Vorgang selbst. Deswegen erklärt Cusanus, Gott schaffe immer. Das besagt: Gott ist in allem Seienden, und alles Seiende ist in ihm. Vielleicht kann man den Sinn dieser Schöpfungstheorie folgendermaßen zusammenfassen: an die Stelle der ontischen Erzählung *«Am Anfang schuf»* tritt ein ontologisch notwendiger Bezug von Gott und Welt, in dem die Welt zum Abbild des sich versichtbarenden Gottes bestimmt wird. Die Welt des Seienden ist, wenn wir einen Ausdruck *Fichtes* gebrauchen dürfen, die geronnene, die manifest gewordene Tätigkeit Gottes.

Auch der *Mensch*, so erklärt Cusanus, ist ein gebildetes Abbild Gottes. Aber der Mensch hat gegenüber dem anderen Seienden einen Vorrang. Er ist nicht nur von Gott Ersehenes, sondern, darin Gott verwandt, bildendes Sehen. Auch der Mensch vermag das Seiende zu explizieren, jedoch, so fügt Cusanus hinzu, nicht in der Weise des seinserschaffenden göttlichen Sehens. Der Mensch ist nicht *vis entificativa*, sondern *vis assimilativa*. Er muß sich an das zuvor von Gott ersehene Seiende angleichen, denn nur so kommt seine eigene Bildungskraft zum Zuge. Cusanus legt seine Theorie des menschlichen Bildens als Theorie des *Erkennens* dar, insbesondere in dem Dialog «Über den Geist». Er nimmt dort den thomistischen Satz, daß nichts im Verstande sein könne, was nicht zuvor in den Sinnen war, auf, um zu zeigen, daß der Mensch, um Begriffe zu bilden, bereits das wirkliche Seiende vor sich haben muß. Aber in diesem Angleichen an das Seiende zeigt sich zugleich, daß der Mensch sich Gottes Bilden angleicht, denn in dem Angleichen an die Dinge bildet er deren äußerlich gar nicht sichtbaren Zusammenhang aus sich heraus und stellt ihn dar.

Cusanus hat dies Bilden des Menschen erstaunlich modern gedacht. Die gebildeten Begriffe sind selbst nicht real Seiendes, sondern, mit dem scholastischen Terminus geredet, *entia ratio-*

nis, Gedankenwesen. Der menschliche Geist hat es hier also mit seinen eigenen Erzeugnissen zu tun. Diese Begriffe werden gewonnen im unterscheidenden Vergleich des einen Seienden mit dem anderen. Dieser Vergleich setzt Bekanntes mit Unbekanntem in Beziehung und vollzieht sich insbesondere als Messen und Zählen. Das Erforschen des Seienden hat es also wesenhaft mit dessen Verhältnis und Ordnung zu tun. Diese Idee der Erkenntnis hat sich dann in der Neuzeit durchgesetzt, Descartes hat in seinen «Regulae ad directionem ingenii» das eigentliche Programm dieser modernen Wissenschaft aufgestellt.

Und hier erhebt sich nun doch eine Frage: wenn Cusanus erklärt, daß der Mensch sich seinen eigenen Weltzusammenhang durch den messenden Vergleich aufbaut, wird dann nicht Gott unwesentlich? Mag es sein, daß Cusanus noch daran festhält, daß Gott das Seiende schöpferisch expliziere und der Mensch sich diesem Seienden erst angleichen müsse, um in seinem bildenden Begreifen zum Zuge zu kommen, das Bilden Gottes ist ja unverstehbar. Muß daher nicht für uns Menschen unsere eigene Bildungskraft das Wesentliche sein, unsere eigene Bildungskraft, in die Gottes seinssetzende Kraft gleichsam gebunden ist?

Wir suchen diese Fragen zu beantworten durch den Nachweis, daß die eigentliche denkerische Leistung des Cusanus darin liegt, daß er durchaus die Bindung Gottes an die menschliche Subjektivität behauptet, aber daß er zugleich, und mit zureichenden philosophischen Gründen, eine Vormachtstellung des Menschen in seinem System der Subjektivität ausschließt. Wir beziehen uns im Folgenden wesentlich auf eine der reifsten Schriften des Cusanus, das Werk «De visione dei» aus dem Jahr 1453. Cusanus will in dieser Schrift die Mönche des Klosters am Tegernsee in die mystische Theologie einführen. Er rekurriert in dieser Absicht zunächst auf die Bestimmung Gottes, die wir bereits kennen. In den ersten Zeilen des ersten Kapitels erklärt er:

«Gott wird Gott genannt, weil er auf alles schaut» [8]. Der Genitiv des Titels *visio dei* ist hier natürlich als genitivus subjectivus zu verstehen: Gott ist der Sehende. Aber das philosophisch Relevante ist, daß dieser Genitiv auch genitivus objectivus ist. Gemäß dem Anliegen, in die mystische Theologie einzuführen, will ja Cusanus zeigen, ob und wie der Mensch Gott sehen könne. Diese Bestimmung, daß Gott Sehender und Gesehener in einem ist, ist das eigentliche Thema der Schrift.

Cusanus führt in diese Dialektik ein durch einen Vergleich. Es gibt, so sagt er, Porträts, auf denen der Abgebildete den, der das Bild betrachtet, immerfort anzuschauen scheint, auch wenn der Betrachter seinen Standort wechselt. Sieht er etwa von links auf den Abgebildeten, so ruht dessen Auge auf ihm, er vermeint, der Abgebildete schaue nur ihn an. Geht der Betrachter aber auf die andere Seite, so wandert der Blick des Abgebildeten mit, denn sieht er nun von rechts auf das Bild, so fällt auch hier der Blick des Abgebildeten auf ihn. Cusanus bittet die Brüder vom Tegernsee, einmal mit einem solchen Bilde einen Versuch zu machen, wie er selbst es getan habe; führten sie einen solchen Versuch durch, dann würden sie erkennen, daß der Blick des Abgebildeten alle Betrachter, und zwar eben auch dann, wenn sie den Standort wechseln, umfaßt. Die Übertragung scheint einfach: wie der Abgebildete alles anblickt, so gilt Gottes Sorge der kleinsten und der größten Kreatur.

Aber das Bedeutsame ist, daß nun Cusanus diesen Vergleich Gottes mit dem mich auf dem Bilde Anschauenden in seiner ganzen Problematik durchdenkt und auslegt. Zunächst: auch der Betrachter des Bildes ist ja ein Sehender, er sieht den Abgebildeten an, und nur in diesem seinem Sehen sieht er, daß der Abgebildete ihn ansieht. Cusanus zieht aus dieser Tatsache die Konsequenz und erklärt: «Was anderes, Herr, ist Dein Sehen, wenn Du mich mit dem Auge der Zuneigung anblickst, als daß Du von mir gesehen wirst?» [9]. Sodann: würde, so müssen wir uns fragen, der Abgebildete mich dann noch ansehen, wenn ich meinen Blick von dem Bild abwende? Cusanus legt sich auch diese Frage vor und sagt: «Daß Du nicht zu mir hinsiehst, das ist eben dies, daß ich nicht zu Dir hinsehe, sondern Dich geringschätze und verachte» [10]. Und ein Drittes: der Betrachter des Bildes ist doch der eigentlich Aktive, er wechselt ja die Blickrichtung, und dieser Wechsel ist es allererst, der ihn erfahren läßt, daß der Blick des Abgebildeten mit ihm mitgeht. Cusanus sagt entsprechend: «Wenn ich sehe, wie in bezug auf meine Veränderung der Blick Deines Bildes und Dein Antlitz verändert erscheint, so kommst Du mir vor, als seist Du, weil Du mir verändert begegnest, gleichsam der Schatten, der der Veränderung des Sichbewegenden folgt» [11].

Nehmen wir diese Stellen ernst, so ist kein Zweifel möglich: Gott ist in das Sehen des Menschen einbezogen. Das ist in der Tat die Konsequenz, die sich für Cusanus aus der Konzeption ergibt, daß Gott nichts Für-sich-seiendes ist, das mit anderem Seienden in Bezug treten oder nicht in Bezug treten kann. Der entsubstantialisierte Gott wird in die Bewegung des Menschen einbezogen, aber – und das ist das Entscheidende – er wird in dieser Bewegung nicht aufgehoben, sondern bleibt deren unaufhebbarer Wesensgrund.

Um dies zu verdeutlichen, fragen wir einmal: als wen oder was sieht denn der Mensch den Gott? Die Antwort des Cusanus besagt: der den Gott ansehen wollende Mensch sieht eigentlich Nichts, denn Gott ist kein Seiendes, sondern an ihm selbst das Sehen. Sehen aber, so zeigt Cusanus, wie wir uns bereits klar machten, geht auf Farbiges; damit es dieses erfassen kann, muß es selbst unfarbig sein. Das heißt: ich kann alles sehen, nur das Sehen an ihm selbst nicht. Gott also ist unsichtbar, weil er das Sehen an ihm selbst ist. Grundsätzlich gesagt: jedes sehende Aussein auf irgendein Seiendes vollzieht sich ja schon immer sehend, es setzt daher schon immer Gott als den an sich unsichtbaren Wesensgrund des Sehens voraus. Gott als Sehen ist die Macht, die in mir mich zu meinem Sehen allererst ermächtigt. Gott als das Sehen ist das Medium, die Vermittlung, das heißt die mittelnde Mitte, in und durch die ich überhaupt erst meinen Blick auf etwas richten kann.

Diesem Bezug des als Sehen bestimmten Gottes zu mir eignet eine eigentümliche Dialektik. Gott als Sehen bestimmt ist mir das Nächste, denn ich bin ja selbst ein Sehender. Gott ist nicht wie sichtbare Gegenstände abständig von mir entfernt, sondern geht mit mir mit, er folgt mir, so sagt Cusanus, wie mein Schatten. Das Unheimliche meines Schattens liegt darin, daß er mein nicht ergreifbares wesenloses Abbild ist: ich bin ja sein Urbild, seine Wirklichkeit. Hat, so fragen wir erneut, Cusanus mit der Aussage, Gott folge mir als Schatten, nicht doch diesen Gott faktisch entmächtigt?

Cusanus' denkerische Größe zeigt sich darin, daß er dies Problem bewußt durchdenkt, und auf Grund dieses Durchdenkens kehrt er nun die Bestimmungen um: Gott ist das Urbild, und ich bin sein Schatten. Auf die soeben zitierte Stelle, an der Cusanus Gott als Schatten aussagt, folgt unmittelbar die bedeutsame Erklärung: «Aber weil ich ein lebendiger Schatten bin und Du die Wahrheit, urteile ich von der Veränderung des Schattens aus, daß die Wahrheit veränderlich sei. Du, mein Gott, bist also so Schatten, daß Du die Wahrheit bist, und Du bist so meines und eines jeden Abbild, daß Du das Urbild bist» [12]. Daß Gott als Schatten mit mir mitgeht, dies gründet also darin, daß ich das versichtbarende Abbild des wahren Urbildes bin.

Wir stellen diesen Zusammenhang, in dem sich die innere Wesensmitte des cusanischen Denkens zeigt, noch einmal in wenigen Sätzen heraus. Cusanus behauptet in der Tat, daß Gott in die Bewegtheit des menschlichen Sehens einbezogen sei. Aber er begründet gerade diese Einbezogenheit noch einmal von Gott her: Gott kann in das Sehen des Menschen nur einbezogen sein, weil

der Mensch seinerseits im Sehen selbst, das heißt in Gott als der Voraussetzung des menschlichen Sehens begründet ist. Wenn der Mensch explizierend bildet, so nur darum, weil er selbst expliziert und gebildet ist. Diese Bestimmung ist nicht umkehrbar, denn der Mensch ist als Mensch faktisch schon immer Sehender. Er kann sich nicht über sich erheben in der Weise, daß er sich zu seinem Sehen erst ersehe; er ist an sein Sehen schon gebunden und vermag dies nur aus dem unergründlichen Grunde, den Cusanus Gott nennt, zu vollziehen. Hier zeigt sich auch der philosophische Grund, warum Cusanus behauptet, die Schöpfung sei unverstehbar. Die Schöpfung muß sich dem menschlichen Wissen entziehen, weil der Mensch nicht das sich selbst als Sehen bildende Sehen, sondern, wie Cusanus sagt, nur dessen Abbild ist, und dieses Abbild muß, weil es selbst seiend ist, Seiendes voraussetzen, um auf seine endliche Weise bilden zu können.
Cusanus hat um diese unaufhebbare Endlichkeit des Menschen gewußt. Er hat ihr einen letzten philosophischen Ausdruck gegeben, indem er den Menschen als durch die Sehnsucht bestimmt herausstellte. Die Sehnsucht, die Cusanus im Blick hat, ist von eigener Art. Sie ist kein griechisch gedachter Eros, das heißt kein Streben auf ein festes Ziel hin, bei dem der Strebende ankommt und im Erlangen Erfüllung findet. Diese Sehnsucht ist aber andererseits kein romantisches Gefühl, das sich im Grenzenlosen verliert. Diese Sehnsucht hat durchaus ein Ziel, nämlich Gott, aber sie erreicht dies Ziel nie. Dies besagt aber nun nicht, daß der unerreichbare Gott eben auf Grund seiner Unerreichbarkeit in die Ferne entschwindet, so daß der Mensch ihn eines Tages vergessen und sich selbst in das Zentrum stellen kann. Eine solche Konsequenz wäre verfehlt. Wohl ist Gott, das Ziel der Sehnsucht, fern. Aber – so muß man doch fragen – was ist das Wesen dieser Ferne? Warum treibt sie zu immer neuem Suchen an? Die Antwort kennen wir bereits: Gott ist fern, *weil* er der Nahe ist. Um es noch einmal zu sagen: Gott ist *nah*, er ist

ja das eine und einzige Sehen, das in meinem Sehen schon immer mitgeht und es durchwaltet, und doch ist er *fern*, weil ich ihn *als das Medium*, in dem und durch das ich sehe, nie selbst sehen kann. Das ist das wesentliche Geheimnis dieser Sehnsucht, daß ihr Ziel nah und fern zugleich ist, und darum treibt sie zu immer neuem Suchen nach dem Ziel an. Cusanus sagt: «Die Sehnsucht wird also durch den ewigen Anfang, von dem sie ihr Sehnsuchtsein hat, zum Ende ohne Ende geführt, und dies ist unendlich» [13]. Die Sehnsucht ist die einzig mögliche Weise, wie der Mensch sich selbst in der Macht, die ihn wesenhaft begründet, gründen kann, denn in dieser Sehnsucht wird Gott erkannt als nicht Erkennbarer.

Wir fassen das Gesagte zusammen: Cusanus ist nicht mehr von der ihm vorausgehenden Tradition aus zu deuten, insofern er Gott nicht als für sich Seiendes ansetzt, sondern ihn entsubstantialisiert und in wesenhaft unauflösbaren Bezug zu Welt und Mensch setzt. Aber gerade dieser Gott ist nicht auf den Menschen reduzierbar, denn er ist die Macht, die den Menschen in seinem Selbstvollzug trägt und durchwaltet. –

Wir suchen uns nun in einem *zweiten Teil* zu verdeutlichen, daß und wie dieser Ansatz des Cusanus die neuzeitliche Metaphysik bestimmt hat. Grundsätzlich gesagt: die neuzeitliche Metaphysik ist nicht, wie dies zumeist behauptet wird, ein geradliniger und eindeutiger Weg zum Selbstbewußtsein. In ihr herrscht vielmehr eine komplizierte Gesetzlichkeit, die wir – in vorläufiger Weise – folgendermaßen skizzieren: Den Anfang der neuzeitlichen Metaphysik bilden die Denker, die die Subjektivität in das Zentrum stellen, aber in der Weise, daß sie über die menschliche Subjektivität eine höhere als deren Grenze setzen; und auf diese Denker folgen dann die Systematiker, die beides, die menschliche Subjektivität und die diese begrenzende Subjektivität, in einem systematischen Ganzen zu vermitteln suchen. Diese bestimmte Abfolge wiederholt sich nun aber auch innerhalb der

Giordano Bruno

neuzeitlichen Metaphysik bis zur Gegenwart. Wir suchen dies konkret zu veranschaulichen.

Das Denken des Cusanus wird aufgehoben durch die Philosophie des *Giordano Bruno.* Bruno, der sich mehrfach auf Cusanus bezieht, versucht, Gott und Mensch in dem Zusammenhang eines Ganzen zu begreifen. Gott ist für ihn nicht mehr der seinslose Grund alles Seienden, sondern das «immanente Prinzip» des Universums. Die innere Folge dieser Gleichung von Gott und Welt ist bedeutsam: die Spannung, in der Cusanus Gott als das begrenzende Maß der endlichen Subjektivität entgegensetzt, ist bei Bruno aufgehoben. An ihre Stelle tritt das pantheistische Weltgefühl, in dem der Mensch sich, wie Wilhelm Dilthey sehr plastisch sagt, in den kosmozentrischen Standpunkt versetzt.

Die Gesetzlichkeit, die zwischen Cusanus und Bruno waltet, wiederholt sich zwischen Descartes und seinem bedeutendsten Nachfolger, Spinoza. *Descartes,* so sagte ich eingangs, ist der wesentliche Repräsentant der zweiten Linie, die vom Mittelalter zur neuzeitlichen Philosophie führt. Auch Descartes hebt den Gedanken eines Seinszusammenhanges, in den Gott und Mensch eingeordnet sind, auf. Descartes entdeckt die Macht des Denkens, das er als sich ausweisendes Begreifen von Zusammenhängen in der gesicherten Abfolge von Intuition und Deduktion versteht. Descartes hat mit diesen Bestimmungen das Programm der neuzeitlichen Wissenschaft aufgestellt. Aber eben dieser Descartes ist es, der, nicht anders als Cusanus, über die menschliche Subjektivität als deren Wesensgrund die göttliche setzt, und er tut dies wiederum aus zureichenden philosophischen Gründen. Descartes stellt sich die eigentlich metaphysische Grundfrage der neuzeitlichen Metaphysik, und diese Frage lautet: kann die menschliche Subjektivität sich selbst in dieser ihrer Macht des Denkens aus sich begründen? Descartes antwortet auf diese Frage mit einem klaren «Nein». Die menschliche Subjektivität kann zwar alles negierend in Zweifel stellen, aber sie vermag es nicht als gewiß zu sichern. Die res cogitans ist nicht einmal über den gegenwärtigen Moment hinaus ihrer selbst sicher. Diese Ungewißheit aber, die erst dort aufbricht und aufbrechen kann, wo das Denken ausdrücklich nach seiner eigenen Sicherung fragt, weist gegensätzlich hin auf die Gewißheit einer Allmacht, die gerade nicht mir zu eigen ist, sondern dem Anderen meiner selbst, dem unbegreiflichen Gott. Deswegen erklärt Descartes: die endliche Subjektivität kann nur dann ihrer selbst gewiß sein, wenn sie diese Gewißheit der zu ihr im Gegensatz stehenden Macht gewinnt, durch die sie faktisch schon immer begründet ist.

Wie Bruno den Ansatz des Cusanus, so hebt *Spinoza* den Ansatz Descartes' auf, indem er Gott und Mensch im Schema des kategorialen Bezuges von Substanz und Akzidenz in das Ganze eines sich schließenden Systems zu bringen sucht. Gott ist die eine und einzige Substanz, an der alles welthaft Seiende, einschließlich des Menschen, als deren Bestimmung ist. Das Bedeutsame ist auch hier, daß die innere Spannung, in der Descartes sich die göttliche Allmacht als Grund voraussetzt, aufgehoben ist in ein logisch-ontologisches System, das alles in sich übersichtlich einbegreift.

In der Entwicklung, die zwischen Kant und dem Deutschen Idealismus sich vollzieht, wiederholt sich diese Gesetzlichkeit. *Kant* spricht der Subjektivität eine weit größere Bedeutung zu als Cusanus und Descartes. Das Erkennen ist kein ordnendes Vergleichen und Beziehen von Seiendem, sondern die Subjektivität baut sich selbst auf Grund ihrer eigenen Gesetzlichkeit ihre Welt der Erscheinungen auf. Aber indem Kant der Subjektivität diese Macht zuspricht, erkennt er gerade ihre Endlichkeit. Sie vermag das eigentliche ens metaphysicum, Gott, nicht zu erkennen.

Der Deutsche Idealismus sucht diese Unerkennbarkeit Gottes zu negieren, indem er die untrennbare Einheit von unendlicher und endlicher Subjektivität behauptet. *Hegel* erklärt, daß das Endliche wesentliches Moment des Unendlichen sei, und zwar in der Weise, daß das Unendliche sich selbst durch seine von ihm gesetzten Gegensätze vermittle. Das Unendliche ist solchermaßen das Absolute, das im Denken sich selbst einsichtig konstituiert.

Aber auch Hegels System ist überholt worden, und zwar wiederum durch einen weiteren Rückstieg in die Subjektivität. Es ist der *späte Schelling* gewesen, der den Nachweis zu erbringen suchte, daß der von Hegel als absolut bestimmte Geist das Prädikat der Absolutheit zu Unrecht trage. In bezug auf das vorhandene Weltseiende kommt diesem Geist zwar eine unbedingte Macht zu, insofern er das Seiende denkend aufzuheben und in diesem Aufheben begreifend zu vermitteln vermag. Aber in bezug auf sich selbst ist dieser Geist nicht absolut. Er vermag sich selbst nicht schöpferisch entspringen zu lassen, denn er existiert schon immer. Schelling entdeckt die Faktizität des Geistes. Diese Einsicht aber, so sagt er, zwingt den Geist, über sich den unvordenklichen Gott als den Ursprung des geistigen Seins zu setzen.

Die Zusammenhänge in der Epoche des 19. und 20. Jahrhunderts sind nicht leicht darzulegen, insofern hier die Metaphysik ihre Kontinuität nicht mehr so sichtbar zeigt; gleichwohl regiert auch hier die Gesetzlichkeit, die wir soeben aufzeigten. Ich weise kurz auf die beiden größten metaphysischen Denker hin, auf Nietzsche und Heidegger. *Nietzsche* schließt jede Weise der Transzendenz aus und vergöttlicht unter dem Namen des Dionysos das Seiende im Ganzen. In der Lehre von der ewigen Wiederkehr des Gleichen bestimmt er dieses Ganze als reine Kreisbewegung, in die der Mensch verschlungen ist. Der Mensch ist damit als zielhaft strebendes Wesen negiert, denn der Kreis, in dem Anfang und Ende dasselbe sind, ist eine sinnlose Bewegung.

Heidegger hat gegen diesen Nihilismus noch einmal das Anfangsgesetz der neuzeitlichen Metaphysik, die Subjektivität eigens zu ergreifen und ihr die innere Spannung gegen die Transzendenz zu wahren, wiederholt. Heidegger bestimmt die Existenz nicht mehr vom welthaft Seienden her. Die Welt ist überhaupt nichts, worin die Existenz vorkommt, sondern Welt wird umgekehrt von der Existenz her gedacht. Sie ist eine Bestimmung des sich sorgenden Daseins. Aber dieses Dasein ist an ihm selbst durch und durch endlich. An kein Seiendes außerhalb seiner sich anhalten könnend, überkommt das Dasein die Angst, in der es seine pure Faktizität erfährt, daß es ist und zu sein hat. Jedoch gerade die so ins Nichts gestellte Existenz weiß sich als eingesetzt vom Sein. Dieses Sein, so führt Heidegger aus, ist kein bestimmtes Seiendes mehr. Von diesem her gesehen, ist es vielmehr das Nichts. Es ist an ihm selbst das Unbegreifliche, aus dem die Existenz schon immer geschieht. Das Wesentliche auch dieses Ansatzes ist die innere Spannung, in der die Existenz zu ihrer Transzendenz steht. Sie vermag das Sein nicht zu begreifen, weil das Sein das ist, was die Existenz selbst je schon zu ihrem geschichtlichen Selbstvollzug ermächtigt hat. Heidegger zeigt sich in dieser Bestimmung der endlichen Subjektivität von einem sie Eingrenzenden her als der letzte Denker in der Reihe der neuzeitlichen Metaphysik, die bei Cusanus begann und über Descartes, Kant und Schelling führte. Sicher: alle diese eben Genannten reden noch von Gott. Das Sein im Sinne Heideggers ist kein Gott mehr. Aber es ist kein Zweifel daran möglich, daß dies Sein nur die Radikalisierung dessen ist, was im Denken des Cusanus Gott genannt wird. Der Weg, den Cusanus begann, als er Gott dem Weltzusammenhang entnahm und als reinen sich bildenden Vollzug des Sehens bestimmte, ist bei Heidegger an sein vorläufiges Ende gekommen. Das innere Gesetz dieses Weges, das Cusanus ebenfalls bestimmte, als er der endlichen Subjektivität ihren Gott als den Wesensgrund ihrer selbst voraus-

setzte, aus dem sie allein sein kann, kennzeichnet auch noch den Bezug der Existenz zum Sein im Sinne Heideggers.
Überblicken wir diese Abfolge der neuzeitlichen Metaphysik, so zeigt sich, daß das je erneute Durchdenken der Subjektivität und die Erkenntnis der Endlichkeit der menschlichen Subjektivität zusammengehören. Dies Durchdenken der Subjektivität hat eine doppelte Ausrichtung. Gegenüber dem welthaft Seienden ergreift sich die menschliche Subjektivität in ihrer ganzen Macht. Cusanus, Descartes und Kant haben die Subjektivität als die eigentliche Bedingung der Erkenntnis des welthaft Seienden, und zwar in verschärfender Weise, herausgestellt und damit der wissenschaftlichen Erforschung dieses Seienden neue Impulse gegeben. Aber gerade diese Denker erkannten auf Grund des Durchdenkens der menschlichen Subjektivität deren Ohnmacht im Bezug auf sich selbst, und darum setzten sie über die als endlich erkannte Subjektivität eine ganz und gar nicht ausdenkbare Macht als deren Wesensgrund. Dies ist das Gesetz dieser Metaphysik. Mag in ihr auch die jeweilige inhaltliche Bestimmung der Transzendenz sich wandeln, die Idee einer der menschlichen Subjektivität überlegenen Transzendenz bleibt, weil die menschliche Subjektivität sich zu ihrem Selbstvollzug nicht einsetzen kann.
Diese Idee der Transzendenz aber wird ihrerseits, wie der Weg vom Gott im Sinne des Cusanus zum Sein im Sinne Heideggers zeigt, verschärft. Und eben diese Verschärfung wird herausgefordert durch die Systeme der Vermittlung, in denen die göttliche und die menschliche Subjektivität in einen ontologischen Zusammenhang gebracht werden. Diese Vermittlung gehört notwendig in das Ganze der neuzeitlichen Metaphysik und ist die Voraussetzung dafür, daß das Durchdenken der Transzendenz immer radikaler in Angriff genommen wird.
Der *philosophische* Transzendenzbegriff dieser Metaphysik ist von einer eigenen Bestimmtheit. Transzendenz heißt hier: im Denken und durch das Denken die Grenze des Denkens, das Un-

denkbare, erfahren. Die sich begreifen wollende Subjektivität begrenzt sich *selbst*, denn sie weiß: es gibt keine Grenze des Denkens, die nicht Grenze *für* das Denken ist, und eine Grenze für das Denken kann nur eine *durch* das Denken gesetzte Grenze sein. Das aber besagt: *die Transzendenz ist das der endlichen Subjektivität mit innerer Notwendigkeit zugehörende Andere ihrer selbst.*

Cusanus setzt Gott als den entsprechenden Gegensatz, das heißt das dialektische Andere der menschlichen Subjektivität. Gott und Mensch sind beide als Sehen bestimmt, aber der Gott als das sich allererst bildende Sehen an ihm selbst, und der Mensch als das schon gebildete Sehen.

Das Ich im Sinne *Descartes'* ist die das welthaft Seiende bezweifeln könnende und darin ihre eigene Überlegenheit über die Dinge erweisende Macht. Aber so sagt Descartes, Zweifeln ist Zeichen der Ohnmacht und nichts Gewisses gewährend. Und darum ist der Gott Descartes' das Andere dieses Ichs: die Dinge nicht bezweifelnde, sondern sie souverän setzende Macht. Descartes formuliert in der hellen Klarheit seines Denkens den metaphysischen Grundsatz dieser Dialektik: weil ich endlich bin und doch die Idee eines Unendlichen habe, muß ich die Wirklichkeit dieser Idee als das Maß, woran ich meine Endlichkeit messe, mir voraussetzen.

Kant bestimmt die transzendentale Subjektivität als das bloße «Ich denke», das angewiesen ist auf durch die Sinne vermittelte Anschauungen. Der Gott im Sinne Kants ist als intuitus originarius gerade das Wesen, das nicht denkt und auch nicht rezeptiv, sondern produktiv anschaut.

Die Existenz im Sinne *Heideggers* ist ausgezeichnet durch ihr Seiendsein. Daß sie ist und zu sein hat, dies ist ihre Endlichkeit. Das Andere dieser Existenz ist das Sein, und von ihm sagt Heidegger, daß es gerade vom Seienden ontologisch zu differenzieren sei, weil es das Seiende erst ermöglicht.

Alle diese Denker denken die endliche Subjektivität «zu Ende», und dies besagt: sie setzen sie in Bezug zu einer ihr entsprechenden Transzendenz als dem dialektisch Anderen, das an ihm selbst nicht zu begreifen ist. –

Diese Vorlesung handelt über Cusanus und die Geschichte der neuzeitlichen Metaphysik. Ihr Anliegen ist es, zu zeigen, daß Cusanus der Denker ist, der einen Wesenszug dieser Metaphysik erstmalig herausgestellt hat. Blicken wir nun noch einmal vom Ende her auf Cusanus zurück.

Cusanus bestimmt Gott als den Schatten, der mit mir mitgeht, und er folgert, daß, weil Gott als Schatten mit mir mitwandert, die Wahrheit selbst bewegt sei. Cusanus hat mit dieser Erkenntnis das Ganze der neuzeitlichen Metaphysik umgriffen: daß die Transzendenz ist als das dialektisch Andere der endlichen Subjektivität, als das Andere, das sich in allen Wandlungen dieser Metaphysik mitwandelt je nach der Bestimmung der endlichen Subjektivität. Die sich im Verlauf dieser Metaphysik zu immer radikaleren Bestimmungen bestimmende endliche Subjektivität wird von dieser Transzendenz als ihrem *Schatten* begleitet.

Es ist ebenfalls Cusanus gewesen, der gezeigt hat, warum diese Metaphysik ihre Transzendenz nicht loswird. Cusanus erklärt, daß der mich als Schatten begleitende Gott so Schatten sei, daß er zugleich das Urbild sei. In dieser Erkenntnis ist die diese Metaphysik im Verborgenen bestimmende Reflexion ausgesagt. Die Transzendenz ist in die Wandlungen der endlichen Subjektivität einbezogen als deren Abbild. Aber dieses Abbild ist das wahre Urbild, denn die endliche Subjektivität kann sich einzig und allein dann begreifen, wenn sie sich an dieser von ihr abgebildeten Transzendenz als dem Urbild bemißt. Daß sich hier die Bestimmungen Urbild und Abbild gerade vertauschen, ist keine Beliebigkeit, sondern das Zeichen der unauflöslichen Einheit von Macht und Ohnmacht der endlichen Subjektivität. Daß die Transzendenz nur mein Abbild ist, dies bezeugt die Macht der endlichen Subjektivität. Und eben auf Grund dieser Macht muß sich diese Subjektivität die Frage vorlegen, ob sie sich selbst zu dieser ihrer Macht ermächtigen kann. Und hier erfährt sie, daß gerade diese ihre Macht ihre Ohnmacht ist: daß sie selbst schon begründet ist von dem unbegreiflichen Grunde, aus dem sie sich vollzieht. In dieser unabdingbaren Erkenntnis aber kehren sich die Bestimmungen um: die Transzendenz ist das Urbild und die endliche Subjektivität nur das Abbild.

Diese Umkehrung ist wesenhaft dialektisch. Das besagt: der Satz: «die Transzendenz ist mein Abbild» ist ebenso wahr wie der Satz: «die Transzendenz ist mein Urbild». Der erste Satz: «die Transzendenz ist mein Abbild» geht dem der Metaphysik entfremdeten Menschen leicht ein. Der zweite Satz: «die Transzendenz ist mein Urbild» erfordert die ganze Anstrengung des metaphysischen Denkens: daß wir uns denkend an die Grenze des Denkens zwingen, um denkend die Ohnmacht des Denkens zu erfahren. Nicolaus von Kues hat von dieser denkenden Selbsterfahrung gewußt. Er berichtet, daß er auf der Überfahrt von Griechenland zu der Einsicht geführt worden sei, daß er das Unbegreifliche nur auf unbegreifliche Weise begreifen könne im wissenden Nichtwissen, in «docta ignorantia».

DER «GOTT DER PHILOSOPHEN» IN DER NEUZEITLICHEN METAPHYSIK

Seit Beginn der Neuzeit ist zwischen Theologie und Philosophie eine Kluft aufgerissen. Es ist besser, als voreilige Überbrükkungsversuche zu unternehmen, die Dimensionen dieser Kluft allererst auszumessen. Dies Ausmessen glückt nur dort, wo entschieden auf der einen Seite der Standort bezogen ist. In diesem Sinne sucht das Folgende, das philosophische Anliegen der neuzeitlichen Metaphysik in verborgenem Gegenzug zur Theologie zur Sprache zu bringen.

Wir vollziehen zwei Schritte. In einem ersten Schritt stellen wir uns in den Anfang der neuzeitlichen Metaphysik und suchen durch einen Hinweis auf *Descartes* zu begreifen, in welcher Weise sich diese Metaphysik auf Gott bezieht. In einem zweiten Schritt stellen wir uns in das vorläufige Ende dieser Metaphysik und suchen durch einen Hinweis auf *Martin Heidegger* das in der Interpretation des Descartes Gesichtete zu verschärfen.

Descartes' Hauptwerk, «Meditationes de prima philosophia», beginnt mit dem Zweifel an allem Gegebenen. Dieser Zweifel wird in der Descartesforschung als ein methodischer bezeichnet. Dies besagt: Descartes setzt sich zur Absicht, alles in Frage zu stellen, Descartes will zweifeln, um durch einen Umsturz alles bisher Gültigen ein neues und festes Fundament, ein certum, zu gewinnen. Descartes zeigt nun zunächst, daß das, was die Sinnlichkeit uns vermittelt, nichts Sicheres ist, denn unsere Sinne täuschen uns. Jeder weiß dies aus eigener Erfahrung. Dieses Argument leuchtet also sofort ein, es ist zudem traditionell. Aber Descartes bleibt bei diesem Zweifel nicht stehen, sondern behauptet, daß auch die mathematisch-idealen Sachverhalte nichts Sicheres seien. Diese Behauptung ist ein völliges Novum in der Philosophie, und die Stützung der Argumentation mutet sehr sonderlich an. Descartes erklärt: es könne einen genius malignus, einen bösen Geist, geben, der mich auch und gerade in dem, was ich als ganz klar zu erkennen vermeine, täusche, und dieser genius malignus vermöge dies, weil er allmächtig sei. Die Forschung hat sich gefragt: welcher Gottesbegriff liegt hier zugrunde? Und man hat – sicher mit Recht – darauf hingewiesen, daß Descartes hier offenbar von Occam abhängig sei. Eine solche historische Fragestellung ist nicht unwichtig, sie ist aber auf jeden Fall sekundär gegenüber der Frage nach der Bedeutung und der Funktion, die dieser genius malignus im Ganzen des Weges, den die «Meditationes» durchmessen, zu erfüllen hat. Der unmittelbare Sinn dieser Einführung des genius malignus ist offensichtlich. Descartes setzt diesen bösen Geist an, um auch bisher unbezweifeltes, ja scheinbar Unbezweifelbares fraglich machen zu können. Aber dahinter steht ein inneres Anliegen. Descartes schaltet bewußt den Gott der Tradition aus, denn er will versuchen, einmal ohne den Glauben an einen gütigen Gott auszukommen. Aber – und dies Aber ist das Wesentliche – Descartes tut dies nur aus methodischen Gründen, denn er ist der Meinung, allein auf diesem Wege überzeugend klarlegen zu können, daß der Mensch nicht ohne Gott sein kann, daß er vielmehr *als denkendes Wesen* sich einen Gott voraussetzen *muß*.

Unsere Aufgabe ist es also zuerst zu zeigen, wie Descartes diesen Versuch, ohne Gott auszukommen, durchführt, und sodann darzulegen, warum Descartes diesen Versuch bewußt zurücknimmt.

Descartes begreift das denkende Selbstbewußtsein als das erste Feste und Gewisse, das allem und jedem Zweifel standzuhalten vermag. Descartes – das ist allbekannt – beginnt die neuzeitliche Philosophie mit der Entdeckung der *res cogitans* als des denkenden Seienden, das um sein Denken weiß und das sich seines Denkens versichern kann: cogito me cogitare, ich weiß, daß ich weiß.

Diese Konstituierung des Selbstbewußtseins ist eindeutig gegen jede nur ausdenkbare Transzendenz gerichtet. Mag es einen gütigen, einen bösen oder überhaupt keinen Gott geben, die in und durch meinen Denkvollzug zu erbringende Selbstvergewisserung meines denkenden Seins bleibt von dem Sein oder Nichtsein eines Gottes unbetroffen. Descartes ruft aus: mag dieser Betrüger mich immer nur täuschen, so ist es als unzweifelhaft anzusetzen, daß ich bin. Und dann folgt der berühmte Satz: «Er täusche mich, so viel er kann, niemals wird er es doch fertigbringen, daß ich nichts bin, solange ich denken werde, daß ich etwas sei; so daß, nachdem derart alles genug und übergenug hin und her erwogen ist, festgestellt werden muß, daß dieser Grundsatz: ich denke, ich existiere, sooft er von mir hervorgebracht oder in Gedanken ergriffen wird, notwendig wahr ist» [14].

Warum, so muß man sich an diesem Punkt doch fragen, beendet Descartes hier nicht seine Meditationen? Ist hier nicht das Ziel erreicht? Ist hier nicht das fundamentum inconcussum gefunden, auf dem alle Sicherheit des Wissens eindeutig begründet werden kann? Descartes legt sich diese entscheidende Frage vor. Er fragt in aller Ausdrücklichkeit: kann ich als das denkende Seiende, das allem Zweifel standhält, das seine Freiheit im Ausschaltenkönnen jegliches Seienden, einschließlich eines Gottes, bewährt, die Welt und das Wissen um sie wirklich begründen? Ist es nicht, so fragen wir uns selbst einmal, sehr wahrscheinlich, daß das Ich, das die Kraft, zweifelnd eine Welt zum Einsturz zu bringen und diesem Einsturz standzuhalten, in sich trägt, auch die Kraft haben muß, eine neue Welt aufzubauen? Aber Descartes verneint diese Frage. Und diese Verneinung vollzieht sich als der Beweis, daß die res cogitans sich einen Gott voraussetzen muß. Descartes gibt einen Gottesbeweis, der, ganz dem inneren Geschehen der «Meditationes» angemessen, seinesgleichen in der Tradition nicht hat.

Descartes setzt wiederum ganz bewußt atheistisch an. Ich selbst, so meditiert er, habe alles Seiende durch meinen Zweifel ausgeschaltet. Ich weiß nicht, ob es mir gegenüber wirkliche Naturdinge, um mich herum wirkliche Menschen und über mir einen wirklichen Gott gibt. Ich habe in meinem Bewußtsein zwar die Vorstellungen von solchem Seienden. Aber vielleicht sind diese Vorstellungen, die ich in mir trage, gar nicht von dem Seienden, was in ihnen vorgestellt und gemeint ist, ausgegangen. Vielleicht kommen diese Ideen aus mir und meinem eigenen Sein. Vielleicht bin ich selbst der in der Welt einzig und allein sichere Punkt und der reale Grund, von dem diese Ideen, die in mir sind, getragen werden. Also, so argumentiert Descartes nun weiter, muß ich einmal versuchen, mir vorzustellen, daß ich tatsächlich der Grund aller in meinem Bewußtsein vorhandenen Ideen sei.

Daß hinter dieser Argumentation wiederum der methodische Wille zum Atheismus steht, das zeigt sich in folgendem Gedankengang: Descartes sagt sich: jede Idee, die ich in mir trage, muß von irgendeinem realen Seienden ausgehen und von diesem begründet werden. Das aber ist nur möglich, wenn dieser reale Träger so viel Seinskraft besitzt, daß er diese Idee als solche hervorbringen und garantieren kann. Im Beispiel: in mir habe ich die Idee anderer Menschen, ich habe aber soeben bezweifelt, ob es neben mir wirkliche Menschen gibt. Der Grund, daß ich die Idee des Mitmenschen in mir trage, muß also nicht mehr der reale andere Mensch sein. Kann ich, so fragt sich Descartes nun, als res cogitans nicht der reale Seinsgrund dieser Idee des Mitmenschen sein? Und Descartes antwortet mit einem «Ja». Ich selbst bin als res cogitans eine Substanz und als solche kann ich von meinem eigenen realen Wirklichsein her diese Idee des Mitmenschen hervorgebracht haben.

Diese Überlegung ist künstlich, aber sie zeigt den Ansatz der Argumentation sehr klar. Dieser Ansatz besagt grundsätzlich formuliert: ich selbst in meiner eigenen realen Seinsmacht kann der Ursprung aller Ideen sein, die mein eigenes Sein an Seinskraft und Seinshaltigkeit nicht übertreffen. Descartes erklärt deswegen, seinen solipsistischen Atheismus auf die Spitze treibend: alle Ideen von innerweltlich Seiendem vermag ich selbst durch mein eigenes Sein zu begründen. Es ist nicht notwendig, daß es Naturdinge mir gegenüber, andere Menschen um mich herum gibt, denn das Dasein dieser Ideen in meinem Bewußtsein ist erklärbar und zurückführbar auf mich und meine eigene Seinsmacht.

An diesem Punkt, auf den Descartes bewußt zusteuert, geschieht die große Peripetie. Descartes sagt sich: in mir ist doch außer den Ideen der Naturdinge und den Ideen der anderen Menschen auch die Idee eines *Gottes*, und er fragt sich: was meine ich eigentlich unter dieser Idee? Die Antwort ist: unter der Idee Gottes verstehe ich ein Wesen, das unendlich, allmächtig und allwissend ist. Und nun erklärt Descartes ganz eindeutig: diese Idee kann ich durch meine eigene Seinsmacht nicht ermöglichen und garantieren. Als Grund für die Unmöglichkeit einer Begründung der Gottesidee aus meinem eigenen Sein führt Descartes die Unvollkommenheit des Menschen an. Ich bin ein Wesen, das Wünsche hat, also bin ich ein Wesen des Mangels; ich bin ein Wesen, das irrt, also bin ich ein Wesen, das die absolute Wahrheit nicht besitzt; und vor allem: ich bin ein Wesen, das zweifelt, also bin ich ein Wesen, das in sich nicht absolut vollkommen ist. Mit einem Wort: meine *Endlichkeit* zeigt sich mir auf allen Seiten. Also kann ich, die res cogitans, nicht der reale Grund einer Idee des *Un*endlichen sein. Diese Idee muß als realen Urheber ein ihr entsprechendes wirkliches Sein und das heißt eben ein wahrhaft unendliches Wesen, einen Gott haben. Also ist Gott, und dieser Gott hat in mich die Idee einer Unendlichkeit gelegt.

Diese Argumentation erscheint merkwürdig und dem anfänglichen Ansatz widersprechend. Zu Beginn hatte Descartes doch das Zweifelnkönnen als Zeichen der Macht des denkenden Menschen bestimmt, jetzt soll es gerade ein Signum der Endlichkeit des Menschen sein.

Wir stehen hier an dem entscheidenden Punkt, und es gilt, das einheitliche Wesen von Macht und Ohnmacht des denkenden Menschen zu begreifen. Die res cogitans stellt zweifelnd alles in Frage, sie trägt den Zweifel auch an sich heran und erfährt, daß sie sich selbst als zweifelnde während ihres Zweifelns standhält. Descartes sagt darum, der Satz «cogito, ergo sum» sei identisch mit dem Satz «dubito, ergo sum». Die Sicherheit der res cogitans ist also gar nichts anderes als das Zweifelnkönnen! Und gerade darin zeigt sich die Endlichkeit des denkenden Selbstbewußtseins. Ein Wesen, das sich als zweifelndes in und durch seinen Zweifel seines Seins versichert, ist überhaupt ein Wesen, dem es um Sicherung geht, das sich seine Sicherheit erst erweisen muß.

Und eben diese Sicherheit ist nur *im* Moment des Zweifelns und nur *für* diesen Moment des Zweifelns gegeben. Descartes legt dies ausdrücklich dar, indem er absichtlich den Zeitzusammenhang aufhebt und in isolierte Augenblicke zerklüftet. Er erklärt: «Da nämlich die ganze Zeit des Lebens in unzählige Teile geteilt werden kann, von denen ein jeder von den übrigen nicht abhängt, so folgt daraus, daß ich kurz zuvor gewesen bin, nicht, daß ich jetzt sein muß, wenn nicht irgendeine Ursache mich gleichsam in diesem Augenblick wieder erschafft, das heißt mich erhält» [15]. Descartes prüft, ob er sich einer solchen Kraft in *sich* bewußt sei, und verneint dies. So zeigt sich die Abhängigkeit des Menschen, denn, so erklärt Descartes, wäre ich unendlich, dann könnte ich mich ja selbst erhalten.

Im *Gegensatz* zu mir steht die Idee eines Gottes. Ein Gott hat es gar nicht nötig, sich in und durch den Zweifel seines Seins je erneut im Augenblick zu vergewissern, ein Gott braucht sich sein Sein überhaupt nicht zu beweisen, weil er selbst seiner mächtig

ist. Es ist also gerade der Zweifel, der mir meine Endlichkeit beweist und mich diese Endlichkeit erkennen läßt in Abhebung von der Idee einer unendlichen Vollkommenheit, die ich als Idee in mir trage, ohne sie jedoch real verwirklichen zu können.
Descartes hat diese Argumentation gegen die Einwände seiner Gegner immer erneut vorgetragen. Die Gegner erklären gegen ihn: daß wir die Idee absoluter Vollkommenheit in uns tragen, das gründet darin, daß wir sie via negationis gebildet haben; indem wir von unserem eigenen endlichen Sein die Unvollkommenheit abziehen, kommt die Idee Gottes zustande. Descartes entgegnet darauf das Folgende: «Ich darf auch nicht vermeinen, ich erfaßte das Unendliche nicht durch eine wahre Idee, sondern nur durch die Verneinung des Endlichen . . .; denn ich sehe ganz klar ein, daß mehr Realität in einer unendlichen Substanz als in einer endlichen ist, und daß daher die Vorstellung des Unendlichen in mir früher als die des Endlichen ist, das heißt die Gottes früher als die meiner selbst. Wie sollte ich es sonst auch verstehen, daß ich zweifle, daß ich etwas wünsche, das heißt daß mir etwas mangelt, und ich nicht ganz vollkommen bin, wenn gar keine Idee eines vollkommeneren Wesens in mir wäre, aus dessen Vergleichung ich meine Mangelhaftigkeit erkenne?» [16]
Das besagt, daß meine Selbsterkenntnis nur möglich ist auf dem Hintergrund der Erkenntnis Gottes. «Mich erkennen», das heißt mich schon immer abheben gegen ein unendliches Wesen. Die Idee Gottes ist mit mir mitgesetzt, aber – und das ist das Entscheidende – als *Gegen*begriff zu meinem eigenen Sein, und darum kann ich diese Idee nicht garantieren. Im «Discours de la methode» zieht Descartes den Sinn seiner ganzen Argumentation in einen einzigen Satz zusammen: könnte ich, so erklärt er dort, die Idee des Vollkommenen, die ich in mir trage, aus meinem eigenen Sein begründen, dann wäre ich selbst Gott, das heißt ich müßte dann in der Lage sein, meine Endlichkeit sofort zu negieren.

Dieser Gott aber, der zu mir im Gegensatz steht, hat mich in meine Endlichkeit eingesetzt und mich zu meinem Sein ermächtigt. Ich darf daher meinem eigenen Denken, soweit es klar ist, vertrauen, denn Gott kann mich nicht täuschen wollen. Descartes begründet das Nichttäuschen Gottes – also den Ausschluß des genius malignus – nicht durch die Rückführung auf eine auch Gott bindende Seinsordnung, sondern auf die *absolute Allmacht* Gottes. Er überwindet damit einen extremen Nominalismus, der behauptet, Gott könne an sich täuschen. Descartes erklärt demgegenüber, Gott *könne* die Täuschung gar nicht *wollen*, weil Täuschenwollen Zeichen von Bosheit und Schwäche, also mit der absoluten Allmacht unvereinbar sei. Absolute Allmacht zeigt sich gerade im souveränen Bestimmen, das seine Bestimmungen als gültig setzt und setzen kann. Gott, so erklärt Descartes, richtet die Welt auf Grund seiner Allmacht völlig frei und doch vollkommen ein, wie ein König seine Gesetze erläßt.
Suchen wir nun abschließend noch einmal das Entscheidende herauszustellen. Descartes beweist Gott, aber er beweist ihn auf eine neue und ganz andere Weise, als es je im Mittelalter geschehen ist. Dieser Beweis geschieht gleichsam e contrario: ich will einmal erproben, ob ich ohne Gott auskomme. Das ist der Ansatz des ganzen Gedankenganges. Aber eben dieser Versuch scheitert an der Einsicht in meine Endlichkeit. Der Beweis der eigenen Endlichkeit ist der innere Sinn der Argumentation. Descartes will die Endlichkeit des philosophierenden und das heißt des nach Sicherheit fragenden Menschen ad oculos demonstrieren. Dies kann aber nur geschehen, wenn der denkende Mensch einmal versucht, ob er nicht die unter dem Namen Gottes gemeinte Unendlichkeit aus sich begründen kann. Allein der Nachweis dieser Unmöglichkeit ist es, der Gott als den Gegensatz zum endlichen Menschen erscheinen läßt. Hier waltet eine innerste Einheit: Gottes Unendlichkeit und die Endlichkeit des Menschen gehören zusammen, denn nur *der* Mensch, der seine End-

lichkeit durch die Idee Gottes erkennt, ist gezwungen, Gott als den Anderen seiner selbst über sich zu setzen. Nur im Blick auf meine mir selbst denkend bewiesene Endlichkeit kann Gott als unendliche Vollkommenheit eine *sinnvolle Wirklichkeit* für mich als Denkenden sein. Der Gott Descartes' ist kein bloßer Begriff, sondern das mit innerer Notwendigkeit gegen mich und über mich gesetzte Maß, an dem ich mich als endlich erkenne. Allein im Blick auf diesen Gott kann ich meine Endlichkeit hinnehmen und ertragen, weil dieser Gott in seiner absoluten Allmacht mich selbst mir übergibt.

Der Gott Descartes' ist ein Gott der Philosophen und nicht der Gott der Offenbarung, der im Glauben ergriffen wird. Descartes *als Philosoph* lebt nicht mehr aus den Dogmen der Kirche. Sein persönliches Verhalten ihnen gegenüber ist eine gelassene Hinnahme. In den ersten Grundsätzen seiner vorläufigen Moral erklärt Descartes, daß er sich vorgenommen habe, an derjenigen Religion festzuhalten, in der er durch Gottes Gnade seit seiner Jugend unterwiesen sei. Aber gelegentlich wird Descartes deutlicher. Die «Meditationes» sind der Theologischen Fakultät zu Paris gewidmet. Man hat dies als Vorsichtsmaßnahme gedeutet. Das mag sein, aber zugleich bedeutet diese Widmung einen Angriff. Descartes sagt: «Ich bin immer der Ansicht gewesen, daß die beiden Fragen nach Gott und der Seele die wichtigsten von denen sind, die eher mit Hilfe der Philosophie als der Theologie zu demonstrieren sind» [17]. Descartes begründet diese Behauptung, und diese Begründung ist auch heute noch des Nachdenkens wert. Descartes weist auf den Zirkel hin, den die Theologie darstellt. Die Theologie geschieht aus dem Glauben heraus, und deswegen vermag sie die Ungläubigen nicht zu erreichen, die diesen Zirkel nicht anerkennen. Die Ungläubigen erreicht nur die Philosophie, denn eben die Philosophie beweist ja Gott, indem sie die innere Notwendigkeit aufzeigt, in der der endliche Mensch sich Gott voraussetzen muß.

Vielleicht kann man das Wesen dieser Notwendigkeit nur ganz begreifen, wenn man Descartes abhebt gegen seinen großen Zeitgenossen *Pascal*. Pascal und Descartes sind einander fern, und jeder Versuch eines Vergleiches hat diese Ferne zu wahren und zu achten. Von Descartes her gesehen, ist Pascal kein metaphysischer Denker im Sinne der neuzeitlichen Metaphysik. Pascal hat nie die Frage nach der Unendlichkeit philosophisch so zu Ende gedacht, daß er die dialektische Einheit von Endlichkeit und Unendlichkeit durchschaute. Pascal bezeugt als erster den heute offenbar gewordenen Verlust des metaphysischen Denkens. Er läßt den Menschen in der Schwebe zwischen zwei Unendlichkeiten, dem unendlich Großen und dem unendlich Kleinen. Der Mensch hat seinen Standort verloren, und Pascal wird nicht müde, immer wieder diesen Verlust als das Wesen des Menschen aufzuzeigen. Er löst jede Festigkeit auf. Er erklärt, wie Descartes, das Denken mache die Würde des Menschen aus, und er hebt dies sogleich wieder auf, wenn er fortfährt: «Aber was ist es doch mit diesem Denken, wie dumm ist es!» Anders gesagt: der Mensch steht nicht denkend im Zweifel, sondern existentiell in der Verzweiflung. Und darum flieht Pascal in den Glauben als der Gegenwelt zum Denken. Das berühmte «Memorial», jener Zettel, den Pascal eingenäht in seinen Rock immer bei sich trug beginnt mit den Worten: «Gott Abrahams, Gott Isaaks, Gott Jakobs, nicht der Philosophen und der Weisen.» Seither wird diese Redewendung vom «Gott der Philosophen» immer wieder gebraucht, um diesen Gott zu deklarieren als einen abstrakten Begriff, der erfunden sei, damit das Denken sich einen systematischen Abschluß in dem Begriff eines Absoluten bereitstelle. Und seither wird gefordert, dies Denken zu opfern und in den Glauben zu springen, wobei der von Descartes gerügte Zirkel involviert ist, daß man dem Denkenden nicht mehr die Gründe anzugeben vermag, warum er eigentlich in den Glauben *gegen* das Denken springen solle.

Es wäre ein abwegiges Unterfangen, Pascal tadeln zu wollen, weil er die Kluft von Glauben und Wissen aufgerissen hat. Wenn Leiden den geistigen Rang eines Menschen zu rechtfertigen vermag, dann ist Pascal gerechtfertigt. Es geht hier allein darum, das Bestehen dieser Kluft zu erkennen, und dies geschieht von seiten der Philosophie durch den Nachweis des Wesens der neuzeitlichen Metaphysik als der Geschichte des Denkens, in der der Denkende seine Endlichkeit erkennt und sich im Unendlichen gründet. –

Wir haben in einem ersten Schritt darzulegen gesucht, daß die Metaphysik Descartes' einen Gott kennt, der nicht bloßer Begriff ist, gebildet, um einen letzten Abschluß zu haben, in dem sich die systematische Vollständigkeit repräsentiert. Die neuzeitliche Metaphysik hat nach Descartes immer wieder gesucht, Gott als die tragende Wirklichkeit ihres eigenen Denkens denkend zu erfahren. Sie hat sich dabei immer entschiedener von der christlichen Offenbarung gelöst, und sie hat schließlich den Begriff «Gott» überhaupt fallenlassen. Vielleicht ist diese bisher letzte Stufe der Metaphysik am erhellendsten, denn hier zeigt sich, daß die Statuierung eines Gottes der Philosophen nicht mehr am christlichen Glauben zu messen ist.

Wir suchen diese Stufe zu erläutern durch einen Hinweis auf *Martin Heidegger* und beginnen mit einer Erörterung von Heideggers Hauptwerk «Sein und Zeit». Wir fragen: was will dieses Werk? Nun, es will jedenfalls nicht so etwas wie eine «Existenzphilosophie» entwickeln. Heidegger hat bekanntlich und zwar von Anfang an für sich den Namen eines Existenzphilosophen abgelehnt, und dies mit gutem Grunde. Heidegger steht in der Tradition der großen abendländischen ontologischen Metaphysik, das heißt er fragt nach dem, was wir eigentlich meinen, wenn wir das Wort «seiend» gebrauchen. Heidegger erklärt, daß eine solche allgemeine Frage einen Leitfaden braucht, und diesen Leitfaden findet er in dem menschlichen Dasein,

denn dieses Dasein ist es, das die Frage nach dem Sein *stellt*. Das Dasein kann aber diese Frage nur stellen, weil es von dem, was Sein ist, schon immer eine Vormeinung hat. Diese Vormeinung gilt es als solche zur Ausdrücklichkeit zu erheben.
In diesem Ansatz zeigt sich Heidegger als zugehörig zur neuzeitlichen Metaphysik. Indem Heidegger beim menschlichen Dasein einsetzt, geht auch er von der Voraussetzung aus, daß das Dasein der *Ort* des Seinsverständnisses ist. Deswegen gilt es zuerst, dies Dasein in seinen *eigenen* Seinsstrukturen auszulegen.
Man muß sich diesen Ansatz von «Sein und Zeit» vor Augen bringen, um nicht die Analysen des Daseins, die Heidegger hier gibt, von vornherein mißzuverstehen. Heidegger will nicht, wie Jaspers dies beabsichtigt, den Menschen erweckend zu sich selbst aufrufen. Heidegger erhebt keinen sogenannten existentiellen Anspruch. Ich darf ein Beispiel geben, das uns bereits in die Fragestellung von «Sein und Zeit» einführt. Heidegger gibt in «Sein und Zeit» eine sehr eindringliche Analyse des Todes. Jeder, der die entsprechenden Kapitel liest, ist existentiell ergriffen. Aber diese Ergriffenheit ist nicht der Zweck, den Heidegger im Auge hat. Die ganze Analyse des Todes hat einen hermeneutischen Sinn. Sie dient dazu, das Dasein von seinem Ende her in seiner Ganzheit in den Blick zu bringen. Dieser Begriff der *Ganzheit* ist der Schlüssel zum Verständnis von «Sein und Zeit». Heidegger will nicht einzelne Analysen des Daseins nebeneinander stellen, sondern er sucht das Dasein in seiner Ganzheit zu begreifen, und zwar *aus sich selbst*.
Wir verdeutlichen uns diesen Begriff der Ganzheit durch einen Hinweis auf die Bestimmung des Daseins als Sorge. Heidegger definiert die Sorge als «Sich-vorweg-schon-sein-in-(der-Welt)». Das Dasein ist hier als zeitlich sich verstehendes charakterisiert. Das heißt konkret: es kann sich auf die Zukunft hin entwerfen. Indem es planend oder erwartend mit offenen Möglichkeiten umgeht, ist das Dasein sich, vom gegenwärtigen Zeitpunkt her ge-

sehen, immer schon vorweg. Dieses Sichvorwegsein ist aber, so erklärt Heidegger, als «Im-schon-sein-in-einer-Welt». Die entwerfbaren Möglichkeiten kommen mir aus meiner eigenen Vergangenheit her, diese Vergangenheit bestimmt und begrenzt meinen Entwurf schon immer. Ich bin in meinem Entwerfen nicht absolut frei, sondern je schon geworfen in eine bestimmte Situation, aus der ich handle. Der Entwurf und die Geworfenheit gehören also *zusammen*, denn das Dasein ist als Entwurf je schon in eine Welt geworfen. Dasein ist als geworfener Entwurf *endlich*. Mehrere Interpreten Heideggers haben in diesem Zusammenhang darauf hingewiesen, daß dort, wo ein Geworfener sei, ja auch ein Werfer außerhalb des Geworfenen da sein müsse. Solche Argumentation geht jedoch an Heideggers Ansatz vorbei. Das Dasein entwirft sich selbst, aber es entwirft sich selbst in geworfener Weise. Und das besagt: das Dasein ist als entwerfende Geworfenheit in seiner Endlichkeit *ganz*.

Von hier aus ist nun die Analyse des Todes, die Heidegger gibt, zu verstehen. Heidegger fragt: wie ist es möglich, diese Ganzheit des Daseins einheitlich aus dem Dasein selbst zu verstehen? Das Dasein – das ist der Sinn dieser Frage – sucht ein Ende und eine Grenze seiner selbst, von der aus es sich als Ganzes in den Blick bringen kann. Diese Grenze aber kann dem Dasein nicht von außen zukommen, denn dann wäre es ja von einem Äußeren her verstanden und gerade nicht aus sich selbst. Diese Grenze kann dem Dasein nur an seinem eigenen Sein erscheinen. Und eben diese dem Dasein als solchem zugehörende Grenze ist der Tod. Der Tod, so sagt Heidegger, ist nicht der bloße Zeitpunkt, der jetzt noch nicht da ist. Diesen äußeren und jetzt noch ausstehenden Zeitpunkt nennt Heidegger das Ableben und erklärt, daß dieses Ableben nicht mich selbst als sich verstehendes Dasein betrifft, denn das Ableben kann ja in völlig unbewußter Weise geschehen. Es ist ein äußeres Ereignis, das mir passiert. Demgegenüber ist der Tod des Daseins das Wissen darum, daß ich hier und jetzt ständig von meinem Ende her bedroht bin. Indem ich mir dies ausspreche, indem ich in meinen Tod, wie Heidegger sehr plastisch sagt, «vorlaufe», erschließt sich mir selbst meine Endlichkeit. Ich erfahre, daß ich endlich bin, weil es ständig mit mir ein Ende haben kann. Ich erfahre den Tod als die äußerste Grenze, von der her ich mir meine Endlichkeit als den Sinn meines Daseins vor Augen bringen kann.

Gerade diese Analyse des Todes erschließt die Bedeutung der Endlichkeit, die Heidegger im Blick hat. Heidegger begreift die Endlichkeit nicht mehr christlich-theologisch. Daß der Mensch endlich ist, das ist eine Grunderkenntnis der christlichen Theologie. Aber diese Endlichkeit wird verstanden als Geschöpflichkeit in Abhebung von Gott als dem ens increatum. Und ein Zweites: auch für christliches Denken zeigt sich diese Endlichkeit im Tod. Aber der Tod gehört ursprünglich dem Menschen nicht zu. Der Tod ist uns vielmehr als der Sünde Sold auferlegt. Und darum wird er dann nicht mehr sein, wenn die Gestalt dieser Welt vergangen ist. Im Gegenzug zu dieser theologisch gedachten Endlichkeit sucht Heidegger die Endlichkeit als Wesen des Daseins allein aus diesem selbst zu begründen. Das heißt nicht mehr und auch nicht weniger als «Sein und Zeit» ist ein «gott-loses» Buch. Indem das Dasein sich aus sich selbst versteht, hat es schon der Theologie abgesagt.

Diese Absage wird nun von Heidegger radikalisiert, indem er seinen Ansatz auch von der traditionellen Metaphysik ablöst, denn diese, so erklärt Heidegger, sei noch ganz und gar theologisch bestimmt. Ich erläutere dies durch einen kurzen Hinweis auf Heideggers Antrittsvorlesung «Was ist Metaphysik?». Heidegger sagt dort das Folgende: «Da-sein heißt: Hineingehaltenheit in das Nichts. Sichhineinhaltend in das Nichts ist das Dasein je schon über das Seiende im Ganzen hinaus. Dieses Hinaussein über das Seiende nennen wir die Transzendenz» [18]. Hier fällt der Begriff «Transzendenz». Dieser Begriff hat, wie Heidegger in

«Sein und Zeit» sagt, seine Wurzeln in der christlichen Dogmatik. Heidegger verweist dort auf Worte von Calvin und Zwingli, die besagen, daß der Mensch als geschaffenes Ebenbild Gottes sich über das weltlich Seiende zu Gott erheben könne. Auch Heidegger erhebt sich über das Seiende, aber diese Erhebung und Überschreibung führt nicht mehr zu Gott, sondern zum Nichts.

Was besagt dieser Begriff: das Nichts? Es ist gut, wenn man dies Wort zunächst in einem ganz einfachen Sinn versteht: es ist nichts mehr da, vor allem kein Gott, der das Dasein trägt und begründet. Diese Aussage ist dem Ansatz von «Sein und Zeit» gemäß, denn dort wird das Dasein in seiner endlichen Ganzheit nicht mehr von einem anderen Seienden her, sondern aus sich selbst verstanden. Eben dieser Ansatz wird hier noch einmal ausdrücklich gemacht. Es wird gezeigt, daß die endliche Ganzheit dem Dasein selbst zugehört und ihm nicht von außen her zugesprochen ist.

Daß «Nichts mehr da ist», was das Dasein begründet und trägt, dies besagt: das Nichts überkommt uns. Heidegger weist auf die Grundbefindlichkeit der Angst hin. In der Angst, so sagt er, geschieht ein Doppeltes. Ich sehe, daß alles, woran ich mich halten könnte, entschwindet. Das Seiende im Ganzen entgleitet, und selbst das Dasein entgleitet sich inmitten des Seienden mit. «Einem ist unheimlich», das heißt: Nichts mehr, auch das Dasein sich selbst nicht mehr ist als Heimat noch da. Aber nicht dieses Entgleiten ist es, was allein ängstigt, sondern auch und vor allem, daß das Seiende im Ganzen, einschließlich meiner selbst, sich mir wieder zukehrt, so daß sich mir mein Dasein inmitten des Seienden in seinem Lastcharakter offenbart. Beides, das Wegrücken und Zukehren, gehört in der Erfahrung der Angst zusammen, in der Erfahrung der Angst, in der mir das Nichts die Nichtigkeit meiner selbst offenbart, die darin besteht, daß ich mir selbst überantwortet bin.

Wir fragen: was bezweckt diese Schrift «Was ist Metaphysik?» eigentlich? Ist ihr Sinn eine Schilderung der sogenannten Welt- und Daseinsangst? Will Heidegger, wie einst Pascal, uns zeigen, wie ortlos wir sind, wie in die Schwebe geraten?

Heidegger steht im Zuge der großen neuzeitlichen Metaphysik, aber sein Anliegen ist es, *radikaler* als diese Metaphysik zu denken. Die später zum Text von «Was ist Metaphysik?» hinzugekommene Einleitung beginnt mit folgenden Worten: «Descartes schreibt an Picot, der die Principia Philosophiae ins Französische übersetzte: Ainsi toute la philosophie est comme un arbre, dont les racines sont la Métaphysique, le tronc est la Physique, et les tranches qui sortent de ce tronc sont toutes les autres sciences . . . (Opp. ed. Ad. et Ta. IX, 14)» [19]. Heidegger greift auf den Anfang der neuzeitlichen Metaphysik zurück. Er gebraucht ein Bild Descartes' – die Philosophie ist ein Baum –, aber Heidegger fragt weiter: «In welchem Boden finden die Wurzeln des Baumes der Philosophie ihren Halt?» Das heißt: Heidegger will noch radikaler und tiefer ansetzend als Descartes die Philosophie und die Metaphysik überfragen, damit sie selbst sich vorstellt und im Ganzen begriffen werden kann.

Und die Antwort auf dieses Überfragen sucht eben die Schrift «Was ist Metaphysik?» zu erbringen. Metaphysik, so erklärt Heidegger, ist nichts anderes als das Grundgeschehen im Dasein selbst, jenes Hinausgreifen, jenes Transzendieren in das Nichts, das das Dasein in der Angst überkommt. Aber, so fährt Heidegger fort, dieses Grundgeschehen der Metaphysik kommt in Gang nur durch die Philosophie, denn Philosophie, so heißt es, ist das In-Gang-bringen der Metaphysik. Für das In-Gang-kommen der Philosophie selbst aber weist Heidegger auf drei Grundmöglichkeiten hin. Einmal muß sich der Mensch freigeben für das Seiende im Ganzen, das heißt er darf nicht bei diesem und jenem bestimmten Seienden stehenbleiben und Halt suchen, er muß vielmehr das, was das Seiende im Ganzen ist, zu erfahren suchen.

Wie dieses geschehen kann, sagt die zweite Grundmöglichkeit: der Mensch muß sich loslassen ins Nichts, das heißt «freiwerden von den Götzen, die jeder hat und zu denen er sich wegzuschleichen pflegt» [20].

Dieser Satz bedeutet eine eindeutige und klare Absage an alle bisherige Metaphysik. Diese Metaphysik hat, wie Heidegger immer wieder betont, die metaphysische Frage nach dem Seienden im Ganzen nicht anders zu fragen verstanden, als daß sie ein bestimmtes Seiendes als exemplarischen Maßstab alles Seienden ansetzte. An diesem vorbildlich Seienden sollten die Seinscharaktere überhaupt abgelesen werden. Dieser Fragestellung entsprach nach Heidegger ein bestimmtes Anliegen. In dem zuhöchst Seienden wollte sich der nach ihm Fragende selbst gründen und von ihm her wollte er sich verstehen. Die traditionelle Metaphysik ist also nach Heidegger durch ein Zweifaches gekennzeichnet, einmal dadurch, daß sie, wenn sie nach dem Seienden im Ganzen fragt, sofort ein zuhöchst Seiendes als Seinsträger ansetzt, und zweitens dadurch, daß der Metaphysiker sich auf dieses zuhöchst Seiende begründen und verlassen will. Was jeweilig innerhalb dieser traditionellen Metaphysik als das zuhöchst Seiende angesetzt wurde, das ist unterschiedlich. Aristoteles bestimmte als zuhöchst Seiendes den Gott, die moderne Metaphysik setzte an die Stelle Gottes den absoluten Geist und schließlich den Menschen. Diese Unterschiede mögen bedeutsam sein, aber ihrer Struktur nach geschieht in ihnen dasselbe: ein Seiendes wird gesucht, das gründend für alles andere ist. Eben diesen Grundcharakter der Metaphysik will Heidegger in Frage stellen. Wer aber etwas in Frage stellt, muß über das in Frage zu Stellende hinauskommen. Dieses Hinauskommen über die Metaphysik geschieht, indem das Dasein das Nichts erfährt, denn in der Erfahrung des Nichts kann das Dasein sich weder an einen Gott, noch an sich selbst halten. Diese Grunderfahrung soll nach Heidegger der Mensch vorbereiten, indem er den Willen zum Festhalten aufgibt, indem er frei wird von seinen Götzen, zu denen er sich wegzuschleichen pflegt. Hier gerät der Mensch in die Schwebe, aber diese Schwebe ist für Heidegger nicht, wie für Pascal, ein Zeugnis für die elende Seinslage des Menschen, sondern die rechte Möglichkeit, daß man die Metaphysik selbst und im Ganzen zu Gesicht bekommt. Wo dies geschieht, erwacht die eigentliche metaphysische Grundfrage: «Warum ist überhaupt Seiendes und nicht vielmehr Nichts?» [21] Heidegger sagt von dieser Frage, die seit Leibniz die Philosophie immer wieder stellt: das Nichts selbst erzwinge diese Frage, und das heißt sie ist wesenhaft unbeantwortbar. Trotzdem ist sie nicht sinnlos. Ihr Sinn liegt eben darin, daß das Dasein das Sein in seiner ganzen Befremdlichkeit erfährt.

Halten wir hier einen Moment inne und versuchen wir, das bisher über Heidegger Gesagte in den Zusammenhang unseres Anliegens einzuordnen. Unser Thema ist der «Gott der Philosophen» in der neuzeitlichen Metaphysik. Wir haben uns durch einen Hinweis auf die Metaphysik Descartes' einen ersten Zugang zu dem Problem verschafft, aber ich sagte eingangs, daß wir die Problemsituation durch eine Interpretation Heideggers *verschärfen wollten*. Ist eine solche Verschärfung aber überhaupt möglich? Geht nicht Heidegger bewußt über die Metaphysik hinaus? Und besagt dies nicht in unserem Zusammenhang, daß Heidegger auch den Gott Descartes' als zugehörig zur Metaphysik, die nach einem zuhöchst Seienden sucht, negiert? Auf all diese Fragen ist ein Doppeltes zu sagen. Verglichen wir die Inhalte der Philosophie Descartes' mit den Inhalten der Philosophie Heideggers, so könnte ein solcher Versuch nur künstlich und wenig überzeugend ausfallen. Achten wir dagegen auf das *Grundgeschehen*, das die Philosophie beider Denker darstellt, dann zeigt sich eine zuinnerst gründende Verwandtschaft. Descartes und Heidegger wollen beide den Menschen als Wesen der Endlichkeit erweisen. Descartes geht dabei so vor, daß er in einem ersten Schritt die Welt durch seinen methodischen Zweifel fraglich macht, dabei auf das Ich stößt, und erst in einem zweiten Schritt dieses Ich als endliches herausstellt, indem er es abhebt gegen den vollkommenen Gott. Heidegger dagegen vollzieht den Nachweis der Endlichkeit des Daseins, indem er zeigt, daß das Dasein im Nichts steht. Auf diese Weise schließt er von vornherein die Möglichkeit aus, daß das Dasein sich selbst ein Halt sein kann. Wir sahen es: in der Angst entschwindet nicht nur das Seiende im Ganzen, sondern auch das Dasein entgleitet sich, wie Heidegger erklärt, inmitten des Seienden mit. Das heißt: das im Nichts stehende Dasein ist an ihm selbst als durch und durch nichtiges und unmächtiges bestimmt.

Aber Heidegger ist bei dieser Einsicht nicht stehengeblieben, sondern er hat, ohne das bisher aufgezeigte Ergebnis zu negieren, das endliche Dasein noch einmal bestimmt in Abhebung von einer neu gesichteten Art von Transzendenz. Diese Transzendenz kann gemäß dem Einsatzort Heideggers kein zuhöchst seiender Gott mehr sein. Gleichwohl steht diese Transzendenz zum Dasein in derselben Bezogenheit wie Descartes' Gott zur res cogitans: in beiden Fällen wird die Endlichkeit noch einmal begriffen von dem, was ihr gegensätzliches Maß ist. Hier zeigt sich eine Verwandtschaft beider Denker, die durch das Gesetz bedingt ist, das die neuzeitliche Metaphysik von ihrem Anfang an bestimmt.

Wir suchen nun, diesen *zweiten Schritt* Heideggers darzulegen. Dies geschieht, um es noch einmal zu sagen, in der Absicht zu zeigen, daß der «Gott der Philosophen» auch dann noch eine sinnvolle Wirklichkeit ist, wenn dieser Gott keine Person mehr ist, sondern – das Sein selbst.

Das Sein selbst: es ist bekannt und viel beredet, daß der spätere Heidegger den Begriff «das Nichts» durch den Begriff «das Sein» «ersetzt» hat. So findet sich, um nur ein Beispiel zu geben, in den späteren Schriften der Satz: «Das Nichts ist das Sein selbst», und entsprechend wird das Dasein nicht mehr als Platzhalter des Nichts, sondern als Hirt des Seins gekennzeichnet. Wir fragen: was ist der denkerisch zu rechtfertigende Grund für diese Umkehrung?

Er liegt in nichts anderem als darin, daß Heidegger den eigenen Ansatz zu Ende denkt. Machen wir uns dies klar, indem wir noch einmal auf die Schlußsätze der Schrift «Was ist Metaphysik?» zurückgreifen. Heidegger sagt dort, der Mensch solle frei werden von den Götzen, zu denen er sich wegzuschleichen pflegt. Dieser Satz besagt, so sahen wir, der Mensch solle den Willen zum Sichgründen in einem zuhöchst Seienden aufgeben. Dieser Wille zum Sich-gründen ist nun nach Heidegger durchaus zweideutig. Einerseits ist er ein Sich-erheben über das vorliegend Gegebene, aber – und das ist das Zweite – in diesem Sich-erheben ist immer schon eingeschlossen ein In-den-Griff-bringen-wollen dessen, woran man sich bindet und worin man sich gründet. Der Erweis für die innere Einheit beider Tendenzen ist die Geschichte der Metaphysik selbst. Diese Geschichte zeigt, daß der Mensch, indem er jeweilig ein zuhöchst Seiendes deklariert, an das er sich bindet, zugleich von dem Willen durchherrscht ist, diese Bindung und ihr Woran denkend zu begreifen. Und durch dieses Begreifenwollen wird diese Bindung als tragender Grund fraglich gemacht. Im Beispiel: Aristoteles gründete das Naturseiende und den Menschen auf den Gott, die spätere Metaphysik suchte diese Gründung und ihr Woran denkend zu erfassen. Dadurch machte sie das zuhöchst Seiende zu einem Objekt, das sie in den Kreis ihrer Betrachtung hineinzog. Wenn man erklärt, die Geschichte der Metaphysik zeige die Verlagerung des Zentrums von Gott auf den absoluten Geist und schließlich auf den Menschen, dann zeigt sich hier eben der Grund der Verlagerung: indem der Mensch die Bindung und ihr Woran begreiflich zu machen sucht, entwertet er beides und begreift sich selbst als der Täter in diesem seinem Tun. Und das heißt: dieser die Bindung begreifende Mensch etabliert sich am Ende selbst als derjenige, der Bindung stiftend und begründend das zuhöchst Seiende ist.

Hier setzt Heidegger an. Er fragt sich: wie war es überhaupt möglich, daß das zuhöchst Göttliche in das zuhöchst Menschliche verkehrt wurde? Und er antwortet: dies konnte nur geschehen, weil eben das zuhöchst Göttliche ein *Seiendes* war, und des Seienden kann der Mensch denkend sich bemächtigen, eben auch des Seienden, das als der christlich verstandene Gott ist. Die neuzeitliche Philosophie von Descartes an hat diesen christlichen Gott ja negiert. Sie ist durchwaltet von dem unheimlichen Willen des Denkens, der vor nichts von allem Seienden haltmacht, und der nicht eher zur Ruhe kommt, als bis er nichts mehr hat, was er befreiend sich aneignen, in sich einbeziehen und auf sich selbst begründen kann.

Dieser Punkt, wo der Mensch nichts mehr auf sich begründen kann, eben dieser Punkt ist dort erreicht, wo der Mensch zu der Einsicht geführt wird, daß er damit selbst in das Nichts geraten und nichtig geworden ist. An ihm stehend hat der Mensch die Konsequenz zu ziehen. Er hat den Willen zur Begründung aufzugeben. Das Nichts selbst erfordert diesen Schritt, denn es hat diesen Willen zur Begründung ja sinnlos gemacht.

Wir haben noch einmal vom späteren Heidegger her die Schlußsätze der Schrift «Was ist Metaphysik?» interpretiert, und nun ziehen wir einen Satz aus einer späteren Schrift heran, der dasselbe besagt, aber auf verschärfende Weise. Dieser Satz heißt: «Das Nichts ist das Sein selbst, dessen Wahrheit der Mensch dann übereignet wird, wenn er sich selbst als Subjekt überwunden hat, und das heißt, wenn er das Seiende nicht mehr als Objekt vorstellt» [22]. Lösen wir diesen Satz von seinem Ende her auf. Das Seiende soll nicht mehr als Objekt vorgestellt werden, das heißt der Mensch soll angesichts des Nichts den bemächtigenden Willen aufgeben. Tut er dies, dann überwindet er sich selbst als

Subjekt, das heißt dann etabliert er sich nicht mehr als der tragende Grund des Seienden. Indem der Mensch aber sich als Subjekt aufgibt und eben damit aufhört, das Seiende als Objekt zu entmächtigen, begreift er, daß das Nichts das Sein selbst ist, das heißt er erfährt in der vom Nichts selbst erzwungenen Nichtung des Willens zum Begreifen, daß er bereits unbegreiflich schon immer getragen ist von dem, was kein Seiendes mehr ist, sondern der nicht mehr angebbare Grund alles Seienden, und das heißt das Sein selbst. Das Sein ist kein Seiendes mehr. Das Sein ist dies, daß das Wunder aller Wunder sich ereignet, daß Seiendes ist.

Heidegger hat diesen Schritt vom Nichts zum Sein als die «Kehre» bezeichnet. Wir suchten soeben diesen Schritt sachlich zu begreifen, indem wir sagten, der Mensch verzichtet auf seinen Willen zum Begründen, und er erfährt in eben diesem Verzicht, daß er selbst schon immer unvordenklich getragen ist. Zeigt sich hier, so fragen wir nun, nicht deutlich, daß diese Kehre nichts anderes ist als die säkularisierte Form der christlichen Bekehrung? Kann man das Wesen dieses Seins überhaupt begreifen ohne den Rückgriff auf christliches Gedankengut? Ich denke in diesem Zusammenhang an ein Wort des Theologen Rudolf Bultmann: «Gott ist die Ungesichertheit des nächsten Augenblicks, die der Nichtglaubende als Daseinmüssen, der Glaubende aber als Daseindürfen erfährt.» Sind sich nicht der so bestimmte Gott und das Sein im Sinne Heideggers bei aller Unterschiedenheit sehr nah?

Noch schärfer und grundsätzlicher: beweist nicht das Ganze des hier Vorgetragenen, daß die neuzeitliche Metaphysik eine verkappte Theologie ist? Descartes ist Schüler der Jesuiten von La Flèche, Heidegger kommt ebenfalls von der christlichen Tradition her, und das Denken beider Philosophen bezeugt doch offensichtlich diese Herkunft aus der christlichen Tradition, und zwar in der Weise, daß Heidegger, der am schärfsten den christlichen Gott als eine Person in Frage stellt, gerade am deutlichsten die Nähe zum Grundgeschehen des christlichen Daseins zeigt, wenn er von der Kehre spricht.

In der Tat: die ganze neuzeitliche Metaphysik entstammt dem Christentum. Sie hat dankbar, sich in ihrer geschichtlichen Herkunft erkennend, dies Erbe anzuerkennen. Aber – und dies ist die andere Seite – die ganze neuzeitliche Metaphysik entspringt dem Christentum, indem sie es zu Ende denkt. Die neuzeitliche Metaphysik beginnt mit dem Abschied nehmenden Aufstand gegen den christlichen Gott. Descartes hat diesen Aufstand vollzogen, als er sich einen genius malignus erfand, Heidegger hat ihn vollzogen, als er den Menschen vor das Nichts stellte. Und erst auf Grund dieses Abschiedes hat die neuzeitliche Metaphysik sich ihren Gott vorausgedacht. Dieser Gott ist nicht mehr der Gott, der, im Glauben ergriffen, den Sünder in Christus begnadigt, sondern er ist als die Bedingung meiner Endlichkeit im doppelten Sinn: an ihm gemessen erfahre ich meine Endlichkeit und an ihm gemessen ertrage ich meine Endlichkeit. Der Gott des Descartes hat in seiner souveränen und unverstehbaren Allmacht mich zu mir in meiner Endlichkeit ermächtigt. Und das Sein Heideggers bleibt das Verborgene, aus dem alle Existenz entspringend ermächtigt ist, ohne daß dies Sein an ihm selbst einmal offenbar würde. Wie sollte es auch sich zeigen können, da es selbst nichts Seiendes ist, weder ein Gott noch ein Mensch?
Wir suchen diese eigentümliche Ferne und Unfaßbarkeit des Gottes der Philosophen zu verdeutlichen durch einen abschließenden Hinweis auf einen Satz Heideggers. Dieser Satz heißt: «Wir sind – im strengen Sinne des Wortes – die Be-Dingten. Wir haben die Anmaßung alles Unbedingten hinter uns gelassen» [23]. Das Dasein, das über die Metaphysik hinausging, hat dem Willen zum Unbedingten, sei dies ein Gott oder ein Mensch, abgesagt. Es weiß sich bedingt, das heißt eingeordnet in das Ganze des Seienden, das Heidegger als das «Geviert» bezeichnet. Das Ge-

Geviert

viert: man hat sich gefragt, was denn diese seltsame Bezeichnung bedeute. Heidegger redet von der Erde und dem Himmel, von den Sterblichen und den Göttlichen. Diese vier Seienden ausgezeichneter Art sind stellvertretend für das Seiende als solches und im Ganzen. Sie zeigen in ausgezeichneter Weise dessen Gefüge an. Die Erde, so sagt Heidegger, das ist das bauend Tragende, der Himmel das Dunkel der Nacht und die Helle des Tages, die Sterblichen sind wir selbst, die wir den Tod bestehen müssen, und die Götter – ja was sollen hier die Götter? Wie Erde und Himmel aufeinander verweisen in gegenstrebiger Harmonie, so Sterbliche und Unsterbliche. Was Sterbliche sind, weiß man nur im Gegensatz zu den Unsterblichen. Die Götter, das ist der Prototyp des Seiendsten unter dem Seienden und als solches das uns gegensätzlich Zugehörende. Die Götter sind das Seiendste unter dem Seienden: sie sind nicht das Sein. Das Sein selbst, so sagt Heidegger, ist weder Erde noch Himmel, weder Sterbliches noch Göttliches, sondern das Sein selbst, das ist die Vierung als die einende Einheit dieser vier Prototypen des Seienden. Das Sein ist selbst nirgendwo antreffbar, es ist nichts anderes als dies, daß das Seiende in seiner Vielfalt aufeinander eingespielt ist. Eben dies Sein, so erklärt Heidegger, aber achtet man dann am meisten, wenn man nicht auf es unmittelbar bezogen sein will, sondern wenn man mit dem Seienden in seiner einfachen Bestimmtheit umgeht, denn das Sein ist nur verwahrt in diesem Geviert – an ihm selbst ist es nicht zugänglich, wer das Sein an ihm selbst erfassen will, der wird erfahren, daß es verborgen ist und bleibt.

Wir lenken unseren Blick noch einmal zum Ausgangspunkt unserer Überlegungen zurück. Das Anliegen war, so wurde zu Beginn des Vortrages gesagt, in verborgenem Gegenzug gegen die Theologie das philosophische Grundproblem der neuzeitlichen Metaphysik darzulegen. Ist dieses Anliegen nicht verfehlt, ist es zumindest nicht unzeitgemäß? Gibt es nicht gewichtige Gründe, die gegen es sprechen? Wir stehen doch bekanntlich im Atomzeitalter und in der Epoche der Vermassung. Ist es da nicht notwendig, darauf hinzuweisen, daß sich die wenigen geistigen Menschen zusammenschließen und eine Elite bilden, die dem drohenden Verfall Einhalt zu bieten wagt? Und wer wäre geeigneter dazu als die Theologie und die Philosophie, die beiden Disziplinen, die nicht dem nachjagen, was am Tage liegt? Müssen wir nicht immer wieder das Gespräch zwischen Theologie und Philosophie in Gang bringen, und gehört dazu nicht zuallererst die Besinnung auf das Gemeinsame?

Aber dagegen ist zu fragen: was ist dieses Gemeinsame? Liegt es wirklich so am Tage, daß wir darauf schon aufbauen können? Wir werden erst dann in die Lage kommen, nach diesem Gemeinsamen in der rechten Weise *fragen* zu können, wenn wir zuvor den Mut haben, das Trennende ernst zu nehmen. Von Seiten der Philosophie her gesehen besagt dies: auch die neuzeitliche Metaphysik begrenzt sich in Gott, aber dieser Gott ist nur für den da, der die Macht und die Ohnmacht des Denkens denkend erfahren hat. Solange Gott als bestimmtes und begreifbares Seiendes angesetzt wird, wird nämlich nur die Macht des Denkens erfahren, die Macht des Denkens, das sich als Denken auch des bestimmten göttlichen Seienden bemächtigt, weil es eben das Wesen des Denkens ist, über alles bestimmte und begreifbar Seiende denkend hinaus zu kommen. Nur wer die Macht des Denkens über dies Seiende bis zu Ende denkt, wird in den Stand gesetzt, die Ohnmacht des Denkens zu erfahren, die Ohnmacht, die darin besteht, daß das Denken selbst und als solches nicht sein könnte, wenn es nicht vom Sein selbst her bedingt und ermöglicht wäre. Wer diesen letzten Schritt wagt, der findet den Gott der Philosophen, der nicht mehr ins Denken auflösbar ist. Der alternde Schelling schreibt die folgenden Sätze:

«Wer wahrhaft philosophiren will, muß aller Hoffnung, alles Verlangens, aller Sehnsucht los seyn, er muß nichts wollen,

Schelling

nichts wissen, sich ganz bloß und arm fühlen, alles dahingeben, um alles zu gewinnen. Schwer ist dieser Schritt, schwer, gleichsam noch vom letzten Ufer zu scheiden.» Und einige Zeilen zuvor: «Hier gilt es, *alles* zu lassen – nicht bloß, wie man zu reden pflegt, Weib und Kind, sondern was nur Ist, selbst *Gott*, denn auch Gott ist auf diesem Standpunkt ein Seyendes. Also selbst Gott muß der lassen, der sich in den Anfangspunkt der wahrhaft freien Philosophie stellen will. Hier heißt es: Wer es erhalten will, der wird es verlieren, und wer es aufgibt, der wird es finden» [24].

DIE AUFHEBUNG DER METAPHYSIK DESCARTES' IN DEN KONSTRUKTIVEN SYSTEMEN DER NEUZEIT

I

Spinozas Hauptwerk trägt bekanntlich den Titel «Ethica more geometrico demonstrata». Dieser mos geometricus weist zurück auf ein bestimmtes wissenschaftliches Verfahren, das *Descartes* als «Synthesis» bezeichnete. Descartes hat diese Synthesis von der Aanalysis unterschieden und sich über die Vor- und Nachteile beider Methoden ausführlich in den Antworten auf die Einwände seiner Gegner gegen seine «Meditationes» ausgesprochen. Wir geben die entscheidende Stelle im Wortlaut. «Die Analysis zeigt den wahren Weg, auf dem eine Sache methodisch und gleichsam a priori gefunden ist, so daß, wenn der Leser ihr folgen und alles genügend beachten will, er die Sache nicht weniger vollkommen einsehen und sie zur seinigen machen wird, als wenn er sie selbst gefunden hätte. Indessen hat sie nichts, um einen Leser, der weniger aufmerksam oder widersprechend ist, zur Überzeugung zu nötigen; denn wenn nur das Geringste von dem, was sie vorbringt, nicht beachtet wird, so wird die Notwendigkeit ihrer Schlußfolgerungen nicht einleuchten, auch werden bei ihr oft viele Dinge kaum berührt, weil sie für den, der genügend aufmerkt, klar sind, Dinge, die dennoch vorzüglich zu beachten sind. Die Synthesis dagegen beweist auf dem entgegengesetzten und gleichsam a posteriori erfragten Weg zwar klar, was erschlossen ist, und gebraucht eine lange Reihe von Definitionen, Postulaten, Axiomen, Theoremen und Problemen, so daß sie, wenn ihr irgendwelche Konsequenzen bestritten werden, sogleich zu zeigen vermag, daß diese im Vorhergehenden enthalten sind, und so dem Leser, auch wenn er widerstrebend und hartnäckig ist, seine Zustimmung entreißt; sie gibt aber nicht wie die Analysis eine Befriedigung und füllt den Geist der Lernbegierigen nicht aus, weil sie die Art nicht lehrt, wie die Sache gefunden ist . . . Ich meinerseits bin in den Meditationen ausschließlich der Analysis gefolgt, weil sie der wahre und beste Weg zum Belehren ist, denn was die Synthesis anbetrifft, so kann sie, auch wenn sie in geometrischen Sachverhalten mit Recht nach der Analysis gesetzt wird, dennoch in metaphysischen Gegenständen nicht als so geeignet bezeichnet werden» [25].

Die Analysis, so erklärt hier Descartes, geht a priori vor, das heißt sie beginnt bei dem sachlich Früheren und schreitet von ihm aus weiter zu dem sachlich Späteren. Sie zeigt also auf, wie man methodisch zu einer Einsicht hinfindet, und darum ist sie der eigentliche Weg der Belehrung: der Lehrer demonstriert seinen eigenen Weg dem Schüler vor. Im Gegensatz dazu steht die Synthesis. Sie geht a posteriori vor, das heißt sie setzt bei dem sachlich Späteren an und löst dies in seine Bestimmungen auf. Diese Methode zeigt also den Weg der inventio nicht, sondern bleibt in der Diskussion fester Lehrsätze befangen.

Descartes gibt der Analyse einen Vorrang. Für metaphysische Gegenstände ist sie die eigentlich geeignete Methode, aber auch in der Geometrie spielt sie eine Rolle: Descartes erklärt ja, daß in dieser die Synthesis der Analysis *nachfolge*. Trotzdem ist in der Geometrie das synthetische Verfahren das übliche: man stellt einen Lehrsatz auf und beweist sodann das in ihm Gemeinte. Das erstmalige Finden und Entdecken bleibt hier im Hintergrund. In der Metaphysik dagegen ist nach Descartes gerade dies Finden das Wesentliche. Die Metaphysik ist ja die Philosophie der Fundamente, und als solche muß sie zeigen, wie man zu ihnen gelangen kann, und was sie an sich selbst sind. Nur so können die Gründe als Gründe in ihrer Tragfähigkeit ausgewiesen werden.

Descartes hat daher den analytischen Weg in seinen «Meditationes» eingeschlagen, und dieser Weg ist bestimmt durch den methodischen Zweifel. Descartes macht hier gerade die Wahrheit der Begriffe durch die Einführung des «genius malignus» fraglich und zeigt, daß die Erkenntnis allein durch Gottes Wahrhaftigkeit «gesichert» ist. Dies besagt nicht mehr oder weniger, als daß Descartes auf dem Wege einer metaphysischen Analysis allererst die Synthesis als solche sichert und rechtfertigt, denn die Synthesis bewegt sich ja innerhalb von festen Axiomen, deren Gewißheit sie selbst nicht diskutiert.

Die Problematik der metaphysischen Analyse als Begründung des begrifflichen Wissens sei kurz erläutert an dem *Verhältnis von Metaphysik und Mathematik*. Descartes kennt keine «ontologische Mathematik». Mathematische Sachverhalte sind keine idealen Formen, noch bilden sie solche ab. Descartes schließt jede in sich gültige Wahrheit, an die auch Gott gebunden wäre, aus, er erklärt vielmehr, daß Gott die Wahrheiten frei gesetzt habe, an sich hätte Gott bewirken können, daß $2 + 2 = 5$ wäre. Gott hat dies faktisch nicht getan; die Gründe dafür, so sagt Descartes, kennen wir nicht. An uns ist es allein, den einmal faktisch gesetzten Seinszusammenhang hinzunehmen und dessen gewiß zu sein, daß Gott als absolut vollkommene Allmacht uns niemals täuschen wollen kann.

Hier bahnt sich eine ganz neue Bestimmung der Mathematik an: Mathematik bietet keine in sich gültige Wahrheit, sondern beruht auf einer freien Setzung Gottes. Der erkennende Mensch erfaßt in der Mathematik also kein Seiendes; an die Stelle der seinsbedingten Wahrheit tritt das «subjektive Überzeugtsein». Descartes erstrebt eine sapientia universalis und sagt ausdrücklich, daß diese identisch sei mit der bona mens. Das Kennzeichen dieser Universalwissenschaft ist eben ihre Mathematisierung, sie beruht auf Intuition und Deduktion. Intuition und Deduktion aber sind keine an sich Seiendes hinnehmenden Erkenntnisweisen, sondern haben ihren Ort allein im menschlichen Denken. Das

Denken erfaßt unmittelbar etwas ihm Einleuchtendes und fragt als mathematisches Denken gar nicht über dies *Bewußtsein* des Einleuchtens hinaus, sondern versucht von diesen Intuitionen aus auf deduktivem Weg zu weiteren Einsichten zu gelangen, um alle Evidenzen in einem System zusammenzustellen. Das besagt von der Metaphysik her gesehen: die mathematische Wissenschaft überläßt sich der bloßen Synthesis, sie bewegt sich innerhalb von intuitiv gesichteten Axiomen und fragt nach deren Zusammenhang, wobei die innere Stimmigkeit aller Einzelbestimmungen zueinander wesentlich ist.

Descartes hat sich innerhalb der Mathematik ganz diesem Verfahren freigegeben. In seinem wissenschaftstheoretischen Werk «Regulae ad directionem ingenii» ist von Gott gar nicht die Rede. Descartes ist der erste Philosoph, der methodisch die Wissenschaft aus dem Verband der Metaphysik austrennt. Die Mathematik hat *als Mathematik ihr Sein* und ihre Bedeutung im mathematischen Denken des Menschen. Aber dies Denken ist seinerseits in seiner Wahrheit allein in Gott begründet. Diese letzte Begründung ist dem Mathematiker als solchem fremd. Um sie zu verstehen, muß der Mathematiker seine Wissenschaft transzendieren und metaphysisch nach ihrer Begründung fragen. Diese Frage übersteigt zwar die Mathematik, aber sie ist keineswegs überflüssig, denn nur durch die *metaphysische Begründung in Gott* gewinnt der Mathematiker seine Sicherheit. Descartes hat dies ausdrücklich dargelegt, als seine Gegner ihn fragten, ob er denn leugnen wolle, daß auch ein atheistischer Mathematiker erkennen könne, daß die Winkelsumme eines Dreieckes gleich zwei Rechten sei. Descartes antwortet darauf: «dies leugne ich gar nicht». Es kann also seiner Meinung nach durchaus atheistische Mathematiker geben, die richtig denken. Aber Descartes erklärt weiter, daß ein solcher Mathematiker nie seiner Sache sicher sein könne, wenn ihn Zweifel überfielen. Deswegen sei es notwendig, sich gegen diese Zweifel zu sichern, und dies geschähe nur, wenn man Gott und seine Wahrhaftigkeit erkenne und anerkenne [26].

Descartes, so sahen wir, trennt die Mathematik methodisch von der Metaphysik ab. Die Mathematik vollzieht sich ihrem Wesen nach – von der Metaphysik her gesehen – unmetaphysisch, das heißt nach der Methode der Synthesis bewegt sie sich in Definitionen und deren Zusammenstellung. Wie aber kommt es, so fragen wir nun, daß diese unmetaphysische Methode der Synthesis bei Descartes' größtem Schüler, *Spinoza*, gerade zur eigentlich metaphysischen Methode wird?

Blicken wir, um diese Frage zu beantworten, noch einmal auf die von Descartes selbst gegebene Bestimmung des Verhältnisses von Metaphysik und Mathematik zurück. Wir sahen, daß der Mathematiker als solcher nicht nach der Sicherung seiner Begriffe fragt. Diese Frage erwacht aber, so sagt Descartes, wenn er, die Mathematik überschreitend, deren metaphysische Begründung zum Problem macht. Hat der Mathematiker sich jedoch diese Begründung vor Augen geführt, dann kann er sich seiner mathematischen Methode wieder getrost überlassen.

Die Schilderung, die Descartes hier von einem solchen transzendierenden Mathematiker gibt, ist ein Abbild des eigenen Hin und Her, das Descartes' Philosophieren als ein Philosophieren der Grundlegung kennzeichnet. Diese Grundlegung ist als solche noch keineswegs eindeutig, sondern gerade bestimmt durch die Bewegtheit des Zweifels und seiner Aufhebung – Descartes hat es als der große Schriftsteller, der er war, meisterlich verstanden, diese Bewegtheit zu schildern. Aber diese Bewegtheit ist nicht wiederholbar: Descartes *selbst* hat sie aufgehoben. Er hat durch seine *Begründung* der synthetischen Methode den Denkenden gerade für diese Methode offen gemacht und von dem Hin und Her des Zweifels endgültig befreit. Die begrifflich-synthetische Methode tritt so in den Vordergrund und wird schließlich durch *Spinoza* in die Metaphysik hineingetragen. Das besagt: die Begriffe werden nun als auf sich selbst beruhende Wahrheiten verstanden, in denen der Zusammenhang des Seins wieder ontologisch eindeutig erfaßbar ist. Spinoza stellt Gott und Mensch in einem logisch-ontologischen System zusammen, dessen repräsentativer Träger eben der *in* diesem System selbst einbegriffene Gott ist.

Daß Descartes' Ansatz hierdurch aufgehoben ist, sei noch einmal kurz gezeigt durch einen Blick auf die *Gottesbeweise*, die Descartes entwickelt. Descartes gibt zwei Gottesbeweise. Es ist dies einmal der Beweis, daß Gott als absolut vollkommenes Wesen nicht täuschen wollen kann, und zweitens das bekannte ontologische Argument, das besagt, zum Wesen Gottes als der Vollkommenheit gehört notwendig die Existenz, die selbst eine Vollkommenheit ist. Dieses ontologische Argument ist ein synthetischer Beweis, denn es beruht auf einer rein begrifflichen Definition dessen, was im Begriff Gottes eingeschlossen ist. Descartes stellt dieses Argument in den «Meditationes» und im «Discours» deswegen so lange zurück, bis er durch den Beweis des nicht täuschenden Gottes die Gewißheit aufgezeigt hat, daß man überhaupt solchen begrifflichen Beweisen vertrauen *darf*. Das wird in der «Fünften Meditation» ausdrücklich dargelegt, wo Descartes erklärt, wenn ich einmal die Gewißheit habe, daß alles, was ich klar und deutlich als zu einer Sache gehörend erkenne, auch dieser Sache zugehört, dann kann ich von hier aus auch einen Beweisgrund für das Dasein Gottes entwickeln [27]. Bei Spinoza ist von einer *Begründung* der begrifflichen Wahrheit nichts mehr zu finden. Er stellt das ontologische Argument in den Vordergrund und durchdenkt es neu.

II

Nachdem Descartes auf analytischem Wege Gott als die Begründung aller Wahrheit erwiesen hat, entwickelt *Spinoza* nun auf synthetischem Wege ein System, *in* dem Gott eingeordnet ist, und zwar in der Weise, daß er als der repräsentative Träger des ganzen Seinszusammenhanges erscheint. Dies besagt zuerst und vor allem: Spinoza geht von Gott aus, indem er ihn durch eine *eindeutige Definition* zu bestimmen sucht. Die erste Definition der «Ethik» lautet folgendermaßen: «Unter Ursache seiner selbst verstehe ich das, dessen Wesen die Existenz in sich schließt, oder das, dessen Natur nur begriffen werden kann als existierend» [28]. Diese Definition greift ganz offensichtlich auf das ontologische Argument zurück, das besagt, Gott ist das Wesen, dem seine Existenz wesentlich zugehört. Aber Spinoza modifiziert den traditionellen Gedankengang, indem er den Begriff der Selbstverursachung einführt.

Der Begriff der *Selbstverursachung* stellt ein Novum in der Philosophie dar. Dem ganzen Mittelalter ist dieser Begriff im strengen Sinne fremd. Ein solcher Gedanke, so argumentiert man, sei widersinnig: um sich zu verursachen, müsse man ja schon vor seinem wirklichen Dasein existieren – eben, um sich hervorzubringen –, und dies sei doch unmöglich. Man könne, so wird erklärt, zwar von Gott sagen, daß er «a se» sei. Aber dieser Begriff «a se» sei negativer Begriff, er bedeute: «non ab alio». In diesem Sinne argumentiert noch der thomistische Theologe Caterus und äußert seine Bedenken gegen Descartes, denn *Descartes* geht über diese traditionelle Deutung des «a se» hinaus. Er erklärt in einer für seinen ganzen Denkansatz bezeichnenden Weise, wenn wir Gottes *Allmacht* bedenken, ist es durchaus möglich, den Begriff «a se» positiv zu verstehen. In den Antworten auf die Einwände gegen seine «Meditationes» heißt es: «Wenn wir sagen, Gott sei durch sich, dann können wir dies zwar auch negativ meinen, so nämlich, daß der Sinn nur ist, es gäbe keine Ursache von ihm, aber wenn wir vorher nach der Ursache, warum er ist, oder warum er im Sein verharrt, geforscht haben, und wenn wir auf die unermeßliche und unfaßliche Macht achten, die in seiner Idee enthalten ist, und sie dabei als so überragend erkennen, daß offenbar sie die Ursache ist, warum er im Sein verharrt, und daß es keine andere Ursache geben kann neben ihr, dann sagen wir, daß Gott durch sich sei, nicht mehr negativ, sondern so positiv als möglich» [29].

Spinoza geht mit seiner Bestimmung der causa sui über die gesamte Tradition hinaus. Selbstverursachung bedeutet nicht, daß ein Wesen sich in der Zeit einmal hervorbrachte, dieser Begriff besagt aber auch nicht, daß Gott auf Grund seiner Allmacht im Sein verharrt, sondern er ist vielmehr eine logisch-ontologische Bestimmung. Dieser Begriff bezeichnet die Unbedürftigkeit einer *Substanz*, die als das, was in sich ruht, nicht durch anderes, sondern allein durch sich selbst begreifbar ist, und daher, einzig und einmalig in ihrer Art, nur als «ens asolute infinitum», das heißt als *Gott* zu denken ist.

Wenn aber Gott die eine unendliche Substanz ist, die aus sich selbst ist, dann kann alles andere Seiende nur von ihm her bestimmt werden, und zwar in der Weise, daß es als von dieser Substanz umfaßt und umgriffen gedacht wird. Das welthaft Seiende ist überhaupt nur verstehbar, wenn Gott als der substantielle Träger diesem Seienden «zu Grunde liegt».

Das *Verhältnis von Gott und Welt* ist also nicht als das Verhältnis zweier Substanzen zueinander zu bestimmen. Wer so denkt, der denkt den Begriff «Gott» nicht radikal genug, denn er begrenzt das göttliche Sein durch ein anderes Sein, das ihm äußerlich entgegensteht. Von Spinoza her gesehen, stellt die christliche Lehre den unsinnigen Versuch dar, Gott einerseits als allmächtig anzusetzen und andererseits ihm gegenüber den Menschen als ein Wesen zu bestimmen, das bei aller Abhängigkeit doch relativ selbständig ist. Auch Descartes scheint hier auf dem Irrweg zu sein, wenn er Gott als substantia infinita und den Menschen als substantia finita gegenüberstellt, denn der Begriff «substantia finita» ist logisch unzulässig. Eine Substanz ist als solche immer ens a se im positiven Sinne, sie bedarf, mit Descartes selbst gesprochen, keiner anderen Ursache zum Existieren. Wenn aber Descartes nun doch erklärt, der Mensch bedürfe der Beihilfe Gottes, so beweist er selbst, daß der Mensch keine Substanz ist, sondern nur eine Bestimmung der einen und einzigen *göttlichen* Substanz.

Wenn das welthaft Seiende nicht ohne Gott ist und sein kann, dann gilt nun aber auch das Umgekehrte, auch Gott ist nicht von der Welt abzulösen und für sich zu setzen – auch in diesem Punkt ist die christliche Schöpfungstheorie verfehlt, die Gott als ein für sich seiendes Wesen versteht, das einmal den Entschluß zur Weltsetzung gefaßt hat. Die Welt ist mit Gott da. Aber dies besagt nicht, daß Gott und Welt im Sinne reiner Identität dasselbe sind. Gott als substantia geht im logischen Sinn – nur in ihm – der Welt als seiner bestimmten Art und Weise des Seins voraus. Spinoza erklärt in der ersten propositio: «Die Substanz ist ihrer Natur nach früher als ihre Bestimmungen» [30]. Gott ist zwar die causa der Dinge, aber diese causa ist nicht außerhalb der Dinge, sondern ihnen einwohnend (causa immanens). *Schelling* hat in der Zeit seines Identitätssystems, als er Spinoza nachfolgen wollte, diesen Sachverhalt sehr klar ausgesagt in der Formel: «deus est res cunctas» [31]. Der Akkusativ in diesem Satz soll anzeigen, daß innerhalb des Bezuges von Gott und Mensch Gott der Träger und die Grundlage des welthaft Seienden ist. «Gott *ist* alle Dinge» = «Gott *trägt* alle Dinge».

Diese ontologisch-logische Gleichung von Gott und Welt bestimmt nun auch das *Verhältnis von Gott und Mensch*, das wir zum Abschluß unseres Hinweises auf Spinoza in seinen Grundzügen darlegen wollen. Wenn anders Gott die einzige Ursache alles Seienden ist, die dieses umgreifend trägt, dann kann der Mensch nicht mehr transzendierend zu Gott sich erheben, sondern muß vielmehr in allem seinem Verhalten von Gott her begriffen werden. Spinoza hat dies in komplizierten Bestimmungen dargestellt, die zeigen, wie konsequent er die Ethik in seiner logischen Ontologie gründet. Gott – das ist der Grundansatz – kommen unendlich viele Attribute zu, das heißt Bestimmungen, die sein *Wesen* als solches ausmachen. Unter diesen stehen das Denken (cogitatio) und die Ausdehnung (extensio) voran. Die cogitatio als attributum dei umfaßt alle einzelnen Gedanken. Diese einzelnen Gedanken sind als solche Modi, das heißt Weisen, in denen Gott als cogitatio *bestimmt* und *eingeschränkt* ausgedrückt ist: «Die einzelnen Gedanken oder dieser und jener Gedanke sind Modi, die Gottes Natur auf gewisse und beschränkte Weise ausdrücken» [32]. Spinoza legt nun sehr ausführlich dar, wie die cogitatio als Attribut Gottes sich über den «intellectus infinitus» bis zu den einzelnen Vorstellungen hin fortbestimmt, wobei es ihm wesentlich ist zu zeigen, daß der Mensch in seinem Denken nicht weniger determiniert ist als in seinem körperlich-extensionalen Sein, denn wenn Gott als Denken alle Vorstellungen umfaßt, dann kann die einzelne Vorstellung nicht willkürlich sein, sondern ist bereits durch den Gesamtzusammenhang bestimmt.

Innerhalb der einzelnen cogitationes, die der Mensch zu denken vermag, besteht nun aber ein bedeutsamer Unterschied. Die einzelne cogitatio, so erklärt Spinoza, kann adäquat oder inadäquat sein. Adäquat ist eine cogitatio, wenn sie von mir abhängt, und zwar in der Weise, daß ich die von ihr ausgehende Wirkung vollständig überschaue. Mit anderen Worten: adäquate Denkakte sind Handlungen (actiones). Spinoza definiert: «Ich sage, wir handeln dann, wenn etwas in uns oder außer uns geschieht, dessen adäquate Ursache wir sind, das heißt, wenn aus unserer Natur etwas in uns oder außer uns folgt, da durch sie allein klar und deutlich verstanden werden kann» [33]. In dieser Definition – das sei ausdrücklich gesagt – ist der Satzteil zu beachten: «wenn aus unserer Natur etwas in uns oder außer uns folgt». Es wird hier wiederum deutlich, daß Spinoza keine Willkürfreiheit kennt. «Handlung» bedeutet nur, daß die von Gott her bedingte menschliche Natur sich in ihrem Denken ungestört von äußeren Ursachen, das heißt körperlichen Vorgängen, aus ihrem Wesen heraus entfaltet.

In genau umgekehrtem Sinn wird die inadäquate cogitatio bestimmt. Hier überschaue ich den Ursache-Wirkung-Zusammenhang nicht, weil diese cogitatio nicht aus meinem Wesen folgt, sondern mir äußerlich aufgezwungen wird von anderem Seienden, das neben mir, der ich ja nur ein Teil der Natur bin, steht. Dieses Nichtüberschauen ist das Wesen des Leidens. Spinoza erklärt: «Wir heißen alsdann leidend, wenn irgend etwas in uns entsteht, wovon wir nur eine Teilursache sind, das heißt etwas, das aus den Gesetzen unserer Natur allein nicht abgeleitet werden kann. Wir leiden also, insofern wir ein Teil der Natur sind, der für sich ohne andere nicht begriffen werden kann» [34]. Leiden bedeutet also, daß die von Gott her bedingte menschliche Natur sich nicht ungestört aus ihrem Wesen entfalten kann, sondern vielmehr von anderem Seienden affiziert wird.

Auf dem Hintergrund dieser Unterscheidung von actio und passio ist der berühmte Lehrsatz über die *vernünftige Gottesliebe* zu verstehen, in dem Spinozas Ethik ihren inneren Abschluß gewinnt. Dieser Lehrsatz heißt folgendermaßen: «Die vernünftige Liebe des Geistes zu Gott ist Gottes Liebe selbst, womit sich Gott selbst liebt, nicht sofern er unendlich ist, sondern sofern er durch die Wesenheit des menschlichen Geistes, inwieweit dieser unter der Art der Ewigkeit betrachtet wird, erklärt werden kann, das heißt, die vernünftige Liebe des Geistes zu Gott ist ein Teil der unendlichen Liebe, womit sich Gott selbst liebt» [35]. Wir lösen die Dialektik dieses Grundsatzes auf, indem wir den von Spinoza dafür gegebenen Beweis interpretieren. Dieser Beweis lautet: «Die Liebe des Geistes muß zu den Handlungen des Geistes gerechnet werden, sie ist also eine Handlung, wodurch der Geist sich selbst betrachtet unter der Begleitung der Idee Gottes als der Ursache, das heißt eine Handlung, durch die

Gott, sofern er durch den menschlichen Geist erklärt werden kann, sich selbst betrachtet unter Begleitung der Idee seiner selbst. Und deswegen ist diese Liebe des Geistes ein Teil der unendlichen Liebe, womit Gott sich selbst liebt» [36].

Die Liebe des Geistes zu Gott ist also kein Leiden, das heißt sie ist nicht von anderem innerweltlich Seienden her bestimmt, sondern sie ist eine Handlung, das heißt sie folgt aus der Natur des menschlichen Geistes selbst. Aber dieser Geist ist nichts Gott gegenüber Selbständiges, sondern nur ein endlich bestimmter Ausdruck Gottes. Wir als vernünftig denkende Wesen sind ja abhängig von Gott als der einen Substanz, die alle cogitationes umgreift. Daher muß unsere Liebe *zu* Gott, die als Handlung aus unserer Natur folgt, im Grunde begriffen werden als von Gott als der einzigen Ursache bewirkt, das heißt wir lieben Gott, insofern sich Gott *selbst* als das einzig wahrhaft Seiende in uns liebt. Unsere Liebe zu Gott ist ein *Teil* der unendlichen Liebe Gottes, in der er in sich selbst kreist.

Hier zeigt sich die «einseitige Geschlossenheit» des spinozistischen Systems. Wenn anders die Selbständigkeit des welthaft Seienden bereits im Ansatz der ganzen Gedankenfolge aufgegeben wird zugunsten des einzig und allein seienden Gottes, dann kann das Verhalten des Menschen zu Gott nur von Gott selbst her bestimmt werden. Der Mensch wird entmächtigt aus «theologischem» Grunde um willen eines Gottes, der an ihm selbst die Notwendigkeit ist, denn auch Gott ist nicht frei im Sinne der Willkür, er folgt nur uneingeschränkt den Gesetzen seines eigenen Wesens.

Blicken wir nun noch einmal von Spinoza zurück auf Descartes. Wie völlig anders denkt Descartes den Bezug von Gott und Mensch. Der Gott Descartes' ist ein Wesen, zu dem ich in personalem Bezug stehe. Und dieser Bezug ist von einer inneren Spannung durchwaltet: der Mensch ergreift sich selbst in der ganzen Macht seines Denkens und erfährt gerade darin, daß

diese Macht doch nur begreifbar ist in der Entgegensetzung gegen einen Gott, an dem als dem absoluten Maß gemessen die menschliche Macht als Ohnmacht erscheint. Ist nicht in dieser Spannung von Gott und Mensch eine metaphysische Leidenschaft lebendig, von der Spinoza nichts mehr weiß?
Es wäre jedoch abwegig, Descartes und Spinoza gegeneinander abzuwerten. Beide Denker stehen unter dem Gesetz einer Geschichte, die sich mit innerer Notwendigkeit vollzieht. Die Überholung des Descartes durch Spinoza ist keiner Willkür entsprungen, sondern von einsichtiger Konsequenz bestimmt. Nachdem Descartes die mathematische Methode sicherte, mußte nun ein Denker kommen, der diese Methode aufnahm und zeigte, daß Gott selbst durch diese Methode systematisch erfaßt werden kann. Es ist gerade die Größe Spinozas, diese Notwendigkeit begriffen und befolgt zu haben.

III

Leibniz hat den Ansatz des Spinoza, daß es nur eine einzige Substanz gebe, wiederholt aufs schärfste getadelt. So heißt es in den 1702 geschriebenen «Betrachtungen über die Lehre von einem einigen, allumfassenden Geiste»: «Spinoza hat beweisen wollen, daß es nur eine einzige Substanz in der Welt gibt, aber diese Beweise sind kläglich oder unverständlich» [37]. Leibniz war der Meinung, durch seine Monadenlehre diesen Spinozismus vernichtet zu haben. Er schreibt an Bourget: «Der Spinozismus wird durch die Monadenlehre vernichtet, denn es gibt ebensoviel wahrhafte Substanzen und, sozusagen, ebensoviel lebendige und dauernde Spiegel des Weltalls oder konzentrierte Welten, als es Monaden gibt, wohingegen es nach Spinoza nur eine einzige Substanz gibt. Er hätte recht, wenn es keine Monaden gebe, alsdann wäre alles, außer Gott, flüchtig und würde sich in einfache Accidentien oder Modifikationen verlieren, weil dann den

Dingen jede substantielle Grundlage, die eben in der Existenz der Monaden besteht, entzogen wäre» [38].

Leibniz setzt hier seine eigene Lehre dem Spinoza entgegen. Gerade angesichts einer solchen Ablehnung erhebt sich aber die Frage, wie geistesgeschichtlich der *Übergang* von Spinoza zu Leibniz zu verstehen sei. Es mag durchaus sein, daß Leibniz zu einem individuellen Monadensystem nicht auf Grund einer Auseinandersetzung mit Spinoza gekommen ist, aber das entbindet den Historiker der Philosophie nicht von der Aufgabe, nach dem Übergang zu fragen, denn es gibt in der Geschichte der Philosophie Zusammenhänge, die den einzelnen Denker im vorhinein bestimmen, und denen er sich gar nicht entziehen kann. Er selbst vermag die Zusammenhänge, in denen er steht, oft nicht zu durchschauen, um so notwendiger muß es den späteren Interpreten angelegen sein, die verborgene Gesetzlichkeit an das Licht zu bringen. In diesem Sinne suchen wir hier nach der Möglichkeit des Überganges von Spinoza zu Leibniz zu fragen.

Spinozas Grundsatz heißt: Deus est natura. Gott als natura naturans umfaßt alle Dinge. Diese sind als natura naturata nichts ihm gegenüber Selbständiges. Spinozas Betrachtung ist ganz in der Betrachtung dieses *einen* Subjektes befangen, und sein Bemühen ist es, die Einzigkeit Gottes herauszustellen und von ihm aus alles, auch das menschliche Verhalten, zu begreifen.

Der Grundsatz Spinozas läßt sich rein logisch folgendermaßen formulieren: Gott ist die Substanz, die als Subjekt alle einzelnen Dinge als die ihm eigenen Prädikationen umschließt. Diesem Satz liegt eine ganz bestimmte Konzeption zugrunde, die ihren Ursprung in der aristotelischen Logik des Satzes hat: der Satz ist ein Urteil, in dem etwas als das und das ausgesagt wird, und zwar zwar in der Weise, daß durch das Ausgesagte das Subjekt seine Bestimmung erhält. Alle Prädikate sind im Subjekt als ihrem Träger eingeschlossen. Die Art des Einschlusses kann jedoch ver-

schieden sein: das Prädikat ist entweder dem Subjekt wesenhaft zukommend – der Mensch ist ein vernünftiges Lebewesen – oder nur zufällig – der Mensch ist von brauner Hautfarbe. Im ersten Fall ist die gegenteilige Aussage – der Mensch ist kein vernünftiges Lebewesen – widersinnig, im zweiten Fall dagegen durchaus möglich – der Mensch kann auch von weißer Hautfarbe sein. Diese aristotelische Logik des Satzes hat die abendländische Philosophie bis zu Hegel hin bestimmt. Erst Hegel hat in der Lehre vom spekulativen Satz die Umkehrbarkeit von Subjekt und Prädikat herausgestellt und damit den Gedanken des Subjektes als des umfassenden Trägers der Prädikate aufgehoben.
Innerhalb der geschichtlichen Entwicklung dieser Logik des Satzes nimmt *Leibniz* eine hervorragende Stellung ein. Wir finden in seinen Werken immer wieder die eben dargelegte Bestimmung, und zwar in der folgenden Formulierung: «Immer ist in einer wahren Aussage der Begriff des Prädikates im Subjekt darin» [39]. Die Anwendung dieses Satzes ist bei Leibniz sehr vielfältig; nicht nur in seiner Unterscheidung der Wahrheiten in Vernunft- und Tatsachenwahrheiten spielt diese Definition eine große Rolle, sondern auch in metaphysischer Hinsicht: Leibniz bestimmt mit Hilfe dieses Satzes das Verhältnis Gottes zur Welt, und zwar in dem Sinne, daß Gott alle möglichen und wirklichen Welten umfaßt; aber Leibniz wendet diesen Satz auch an, um das Verhältnis des einzelnen Seienden zu sich selbst darzulegen: so ist jeder Mensch eine Einheit, in der alle seine Taten beschlossen sind.

Gerade diese zweite Bestimmung ist wesentlich, denn in ihr kommt ja der ganze Ansatz des metaphysischen Denkens von Leibniz zum Ausdruck: die Vielheit einzelner Substanzen, die, voneinander unabhängig, sich nach ihrem eigenen Gesetz vollziehen. Daß Leibniz gegenüber Spinoza das *einzelne* Seiende als Substanz faßt, entspringt keiner Willkür, sondern ist durch die Logik der geschichtlichen Entwicklung bedingt. Diese Logik erfordert einen *Fortgang* von dem als Subjekt bestimmten Gott zum welthaft Seienden als seinen Prädikaten, denn wenn Gott der Träger alles Seienden ist, so ist dieses doch *seinerseits* jeweilig die Explikation Gottes, in der Gott bestimmt und konkret ist. Die einzelnen Prädikate bringen als einzelne Gott zwar nie ganz, sondern immer nur teilhaft und einseitig zum Ausdruck, aber jedes *in sich* betrachtet ist doch eine relative Einheit, in der das Ganze auf individuelle Weise ist.

Auf Grund dieses Überganges von dem Subjekt zu den Prädikaten als den in sich selbst seienden Bestimmungen dieses Subjektes stellt sich für Leibniz eine Aufgabe, die Spinoza noch nicht kannte. Es gilt nun ausdrücklich zu zeigen, daß und wie die einzelnen Substanzen in ihrer relativen Selbständigkeit Gott *ähnlich* sind, der als Ursubstanz der Träger der Ordnung aller Substanzen ist. Wir suchen im Folgenden das Wesen dieser Gottähnlichkeit zu bestimmen durch den Begriff der Vernünftigkeit, in der Gott und Universum übereinkommen. Zu diesem Zwecke zeigen wir zunächst den Ansatz der Schöpfungslehre von Leibniz auf und entwickeln sodann Leibnizens Bild vom Menschen als des bewußten Repräsentanten der göttlichen ratio.

Die *Theorie der Schöpfung*, die Leibniz entwickelt, ist nicht leicht zu verstehen. Sie beruht gemäß dem rationalistischen Ansatz Leibnizens auf seiner Theorie der Wahrheit, und diese Theorie der Wahrheit hat Leibniz nicht eindeutig in seinen verschiedenen Schriften dargelegt. Wir stellen den für unsere Frage nach der Schöpfung wesentlichen Ansatz heraus, indem wir auf Leibnizens Unterscheidung von Vernunft- und Tatsachenwahrheiten zurückgreifen und diese Unterscheidung in Bezug setzen zum Satz des Widerspruches und zum Satz des zureichenden Grundes. Leibniz erklärt in seiner «Monadologie»: «Die Vernunftwahrheiten sind notwendig und ihr Gegenteil ist unmöglich, die Tatsachenwahrheiten sind zufällig und ihr Gegenteil ist möglich» [40]. Die Vernunftwahrheiten beruhen als solche auf dem Satz des Widerspruches und sind für alle Wesen, auch für Gott, verbindlich. Vernunftwahrheiten sind identische Sätze oder können auf dem Wege der Analyse in identische Sätze aufgelöst werden. Bei den Tatsachenwahrheiten sind dagegen gegensätzliche Aussagen möglich; daß jedoch eine bestimmte Tatsache eintritt, hat jeweils einen Grund, aus dem her sie verständlich gemacht werden muß.

Leibniz – und dies ist das Wesentliche – stellt nun jedoch nicht Vernunft- und Tatsachenwahrheiten einfach gegeneinander, sondern sucht vielmehr zwischen beiden einen Zusammenhang herzustellen. Die Vernunftwahrheiten sind nicht reine Geltungen oder reine Werte, sondern haben, so erklärt Leibniz, in einem «unbedingt metaphysischen Wesen», das heißt in Gott ihr Dasein. Als in Gott seiende sind sie in bezug auf die Welt nur Möglichkeiten, aber als diese Möglichkeiten haben sie durch Gott ihre Wirklichkeit. Gott vermag sie daher im Blick auf die Schöpfung zu durchdenken. Dieses Durchdenken aber untersteht dem Gesetz des Widerspruches. Gott kann nicht eine Welt ausdenken, in der ein Mensch kein Mensch wäre. Gott denkt hier logisch, das heißt er hält sich an den Grundsatz, daß das Prädikat im Subjekt eingeschlossen ist. Wir geben ein fingiertes Beispiel. Gott denkt den Begriff «Mensch». Das Wesen dieses Begriffes läßt sich in folgendem Satz aussagen: «Der Mensch ist ein vernünftiges Lebewesen». Dieser Satz ist zwar kein identischer Satz, aber in einen solchen auflösbar. Die Bestimmungen «Lebewesen» und «vernünftig» sind im Begriff «Mensch» notwendig eingeschlossen, das Gegenteil – der Satz: «Der Mensch ist kein vernünftiges Lebewesen» – ist undenkbar.

Dieses Bedenken der notwendigen oder der metaphysischen Wahrheiten ist nur der erste Schritt Gottes zur Schöpfung. Hier hat Gott noch nicht eine wirkliche Welt, die ein tatsächlicher Zusammenhang des Seienden ist, im Blick. Das Bedenken einer wirklichen Welt – der zweite Schritt – geht über den Bereich der metaphysischen Wahrheiten hinaus. Leibniz stellt nun die Möglichkeit eines solchen Überganges von den Vernunftwahrheiten zu den Tatsachenwahrheiten eigens dar. Er erklärt in der «Abhandlung über den letzten Ursprung der Dinge» das Folgende: «Um jedoch ein wenig deutlicher darzulegen, auf welche Weise aus den ewigen, wesentlichen oder metaphysischen Wahrheiten die zeitlichen, zufälligen oder physischen Wahrheiten entstehen, müssen wir zunächst deshalb, weil etwas eher als das Nichts besteht, anerkennen, daß bei den möglichen Dingen oder der Möglichkeit oder Wesenheit ein Bedürfnis des Daseins, oder, wenn ich so sagen darf, eine Anspruchmachung auf das Dasein, und, mit einem Wort gesagt, eine Wesenheit besteht, die durch sich selbst nach dem Dasein strebt» [41]. Diese Stelle besagt also, daß die Wesenheiten als in Gott seiende auf Verwirklichung hindrängen. Auf Grund aber dieses ihnen wesentlichen Strebens ergibt sich für Gott nun die Aufgabe, möglichst vielen unter ihnen zur Wirklichkeit zu verhelfen. Hier kommt, so erklärt Leibniz, eine gewisse göttliche Mathematik oder ein metaphysischer Mechanismus ins Spiel. Das besagt: das rein analytische Verfahren geht nun über in ein synthetisch-kombinatorisches, denn «analytisch denken» heißt erfassen, was in einem Begriff eingeschlossen ist, «synthetisch denken» dagegen bedeutet überlegen, womit sich eine bestimmte Wesenheit in einem konkreten Zusammenhang verträgt.

Auch in dieser synthetischen Kombination ist Gott nicht frei im Sinne der Willkür, sondern bestimmt durch ein Prinzip, und zwar das Prinzip des zureichenden Grundes. Dieser Satz hat wesentlich teleologische Bedeutung, er bezieht sich auf das sinnvolle Warum des Seienden. Gott ist in dieser Kombination also an seine Weisheit und seine Güte gebunden. Als Weltenarchitekt hat er die bestmögliche Welt zu erbauen. Man kann, so sagt Leibniz, als gewiß ansehen, daß alles durch Gott in der vollkommensten Weise geschieht, daß er nie anders als vernunftgemäß handelt, und daß sich niemals etwas ereignet, ohne daß von dem, der es völlig erkennt, auch der Grund eingesehen wird, weshalb der Zustand der Dinge sich eher so als anders verhält. Dieser Zusammenhang umfaßt alles Seiende, das jedoch eine verschiedene Ranghöhe darstellt. Diese Ranghöhe bestimmt sich nach der Möglichkeit, Gott als den Träger der vernünftigen Ordnung auszudrücken. Die höchste Stufe unter Gott selbst stellt der Mensch dar. Der Mensch ist eine ausgezeichnete Monade. Er ist der Spiegel Gottes, das heißt ihm kommen die Prädikate Gottes, wenn auch auf beschränkte Weise, zu. Die menschliche Monade ist ein kleiner Gott für sich. Von allen anderen Monaden abgetrennt und keine Wirkung von außen empfangend, ist sie zwar in ihre individuelle Sicht gebunden, aber sie hat eben auf Grund ihrer Gottähnlichkeit doch die Möglichkeit, das Ganze des Seins von ihrem Standpunkt aus zu verstehen. Für den modernen Interpreten von Leibniz erscheint das Problem der *Perspektivität* als eine der schwierigsten Fragen, die Leibniz der Nachwelt aufgegeben hat. Für Leibniz selbst dagegen ist es kein unlösbares Rätsel, denn die einzelne Monade ist ja das Ganze in individueller Weise. Leibniz erklärt in der «Metaphysischen Abhandlung», nachdem er dargelegt hat, daß die Monade ein Spiegel Gottes sei, das Folgende: «Man kann sogar sagen, daß jede Substanz in gewisser Weise den Charakter der unendlichen Weisheit und Allmacht Gottes in sich birgt und ihn, soweit sie fähig ist, nachahmt. Denn alle Ereignisse des Universums, die vergangenen, gegenwärtigen und zukünftigen sind in ihr, wenn auch nur verworren, ausgedrückt, worin eine große Ähnlichkeit mit einem unendlichen Bewußtsein oder einer unendlichen Erkenntnis liegt. Da ferner alle anderen Substanzen diese eine ebenfalls auf ihre Weise ausdrücken und sich mit ihr in Übereinstimmung setzen, so kann man sagen, daß sie ihre Macht auf alle erstreckt und somit auch hierin die Macht des Schöpfers nachahmt» [42].

Die Gottähnlichkeit der menschlichen Monade ist also ihre Ähnlichkeit mit dem unendlichen Bewußtsein des Gottes, der das Ganze überschaut. Gott und Mensch werden vergleichbar, insofern sie gemessen werden an der Möglichkeit eines rationalen Überblickes über das geordnete Ganze. Hier zeigt sich der eigentliche Rationalismus von Leibniz. Dieser Rationalismus hebt die Freiheit Gottes und die Freiheit des Menschen auf, nicht zugunsten eines reinen Mechanismus, wie dies Spinoza tat, sondern zugunsten einer Vernünftigkeit. Wir illustrieren dies an dem berühmten Beispiel vom Überschritt Caesars über den Rubikon. Dieser Überschritt muß im Begriff Caesars eingeschlossen sein gemäß dem Grundsatz, daß das Subjekt der Träger aller seiner Prädikate ist. Diese Art der Einschließung ist, so erklärt Leibniz, zwar keine notwendige – an sich hätte Caesar den Überschritt auch unterlassen können –, sondern eine «Wahrheit ex hypothesi», das heißt, sie beruht «auf Gottes freiem Willensentschluß und dem Zusammenhang des Universums». Das Wesentliche an diesem Beispiel ist nun für Leibniz aber nicht das Problem, ob durch diesen göttlichen Entschluß nicht der Mensch in eine absolute Abhängigkeit von Gott gerate, sondern die Frage, wieweit die «Verknüpfung» hier vernunftgemäß ist und als solche eingesehen werden kann. Wenn Leibniz sagt, Gott ist in diesem Entschluß frei, dann heißt dies nur, sein Setzen der individuellen Monade Caesars mit allen ihren Bestimmungen ist nicht an den Satz des Widerspruches gebunden. Diese Freiheit, die also allein zu verstehen ist als Nichtnotwendigkeit im Sinne des Satzes vom Widerspruch, ist ihrerseits durchaus gebunden, und zwar durch das Prinzip des Besten, an das sich Gott vernünftigerweise halten *muß*. Im entsprechenden Sinne wird nun aber auch die Freiheit des Menschen bestimmt. Man könnte, so sagt Leibniz, eine Freiheit des Menschen in dem Nichtdurchschauen der Ordnung sehen: Caesar *selbst* kennt den Gesamtzusammenhang ja nicht und handelt nicht auf Grund einer absoluten

Überschau. Doch Leibniz erklärt ausdrücklich, daß er diesen Weg nicht gehen, sondern lieber die Schwierigkeiten grundsätzlich beseitigen wolle, und dies geschieht, indem gezeigt wird, daß es für Caesars Tat überhaupt keine Freiheit im Sinne der Willkür gibt. Leibniz erklärt: «Wenn irgendein Mensch fähig wäre, die ganze Schlußkette zu verstehen, kraft deren er die Verknüpfung, die zwischen dem Subjekt Caesar und seiner erfolgreichen Unternehmung besteht, demonstrativ beweisen könnte, so würde er in der Tat damit dartun, daß die künftige Diktatur Caesars ihre Begründung in seinem Begriff oder seiner Natur hat, und daß in ihr der Grund liegt, daß er sich dafür entschied, den Rubikon zu überschreiten, anstatt vor ihm haltzumachen, daß er den Tag von Pharsalus gewonnen, nicht verloren hat. Es war also vernunftgemäß und demnach gewiß, daß alles dies sich ereignete; nicht aber an sich notwendig in dem Sinn, daß sein Gegenteil einen Widerspruch enthielte» [43]. Es liegt der Monade Caesars also durchaus eine eindeutige und an sich begreifbare Vernünftigkeit zugrunde. Wenn der Mensch diese Vernünftigkeit nicht durchschaut, so besagt dies nicht, daß er frei ist, sondern daß er nur begrenzt *vernünftig* ist. Der Unterschied von Gott und Mensch ist kein Unterschied der Freiheit, sondern ein Unterschied in bezug auf das Durchschauen der Zusammenhänge. Während Gott immer einsichtig das Beste tut, handelt der Mensch oft ohne dieses Wissen. Wäre er allwissend, dann würde er ebenso vernünftig für sich selbst sein Leben einrichten, wie es jetzt Gott für ihn tut.

Blicken wir nun noch einmal von Leibniz auf Spinoza zurück, so zeigt sich, wie folgerichtig Leibniz Spinozas Ansatz weiterführt. Er «überträgt» die Bestimmungen der einen göttlichen Substanz auf das endliche Seiende, indem er zugleich dessen Abhängigkeit von Gott beibehält. Das Ganze des Seins ist eine durch Gott zusammengeschlossene Ordnung, in der jedes für sich ist und doch gerade auf diese Weise im Ganzen ist, weil das Für-sich-sein

Darstellung des Ganzen ist. Diese «Übertragung» ist ein weiterer Fortschritt auf dem Wege des Rationalismus; weil Leibniz Gott und Mensch relativ verselbständigt, muß er nun ganz anders ausdrücklich als Spinoza den Zusammenhang zwischen beiden *als solchen* herstellen. Und dies geschieht in der Herausarbeitung einer für Gott und Mensch «verbindlichen» Rationalität.

Leibniz bereitet, insofern er den vernünftigen Zusammenhang als das Wesentliche setzt, den Idealismus eines *Hegel* vor, denn Hegel wird dann die «letzte Konsequenz» ziehen, das heißt Gott und Mensch als je für sich seiende Träger des Zusammenhanges aufheben und beide begreifen als Geist. Der Geist aber ist der Zusammenhang an ihm selbst als das sich in seiner Vermittlung herstellende Ganze.

IV

Kant nennt in seiner Schrift, die die von der Berliner Akademie ausgesetzte Preisfrage «Welches sind die wirklichen Fortschritte, die die Metaphysik seit Leibnizens und Wolfs Zeiten in Deutschland gemacht hat?» beantworten soll, Leibnizens *Systema harmoniae praestabilitae* das «wunderlichste Figment, was je die Philosophie ausgedacht hat» [44]. Als Grund dieser Wunderlichkeit gibt Kant an, daß bei Leibniz «alles aus Begriffen erklärt und begreiflich gemacht werden sollte». Diese Kritik Kants gründet in einem neuen philosophischen Verständnis der Vernunft. Kant erkennt, daß die Vernunft, wenn sie es allein mit ihren Begriffen zu tun hat, in einen Widerstreit mit sich selbst gerät. Die sich selbst überlassene Vernunft – und darin zeigt sich ihre Widersprüchlichkeit aufs deutlichste an – vermag keinen eindeutigen Gottesbegriff auf sich selbst zu erzeugen, vielmehr erscheint ihr der Begriff Gottes in einer seltsamen Zweideutigkeit.

Am Schluß des Abschnittes, in dem Kant in der «Kritik der reinen Vernunft» den kosmologischen Gottesbeweis kritisiert, findet sich diese Zweideutigkeit sehr klar ausgesprochen. Kant erklärt dort Folgendes: «Die unbedingte Notwendigkeit, die wir, als den letzten Träger aller Dinge, so unentbehrlich bedürfen, ist der wahre Abgrund für die menschliche Vernunft. Selbst die Ewigkeit, so schauderhaft erhaben sie auch ein *Haller* schildern mag, macht lange den schwindligen Eindruck nicht auf das Gemüt; denn sie *mißt* nur die Dauer der Dinge, aber *trägt* sie nicht. Man kann sich des Gedankens nicht erwehren, man kann ihn aber auch nicht ertragen: daß ein Wesen, welches wir uns auch als das höchste unter allen möglichen vorstellen, gleichsam zu sich selbst sage: Ich bin von Ewigkeit zu Ewigkeit, außer mir ist nichts, ohne das, was bloß durch meinen Willen etwas ist; *aber woher bin ich denn?* Hier sinkt alles unter uns, und die größte Vollkommenheit, wie die kleinste, schwebt ohne Haltung bloß vor der spekulativen Vernunft, der es nichts kostet, die eine so wie die andere ohne die mindeste Hindernis verschwinden zu lassen» [45].

Kant sagt zu Beginn dieser Stelle, wir bedürfen der unbedingten Notwendigkeit als des Trägers aller Dinge, und legt dar, daß ein solcher Träger als das höchste unter allen möglichen Wesen vorzustellen ist. Aber dieser Gedanke eines höchsten Wesens wird nun nicht etwa im Sinne des Spinoza als causa sui bestimmt, sondern vielmehr noch einmal zum Problem gemacht. Kant schiebt dem höchsten Wesen die Frage unter: «Aber woher bin ich denn?» Das besagt: der Gedanke eines höchsten Wesens als einer unbedingten Notwendigkeit hebt sich in sich selbst auf, denn er verweist auf die Möglichkeit eines weiteren Fragens nach noch Höherem bis ins Endlose hinein.

In der Entdeckung dieses Widerspruches geht Kant über die Tradition hinaus. Thomas erklärt in seinen Gottesbeweisen: es muß ein höchstes Wesen geben, da der Regreß nicht in infinitum fortgehen kann; ein schlechthin notwendiges Wesen muß sein, das seine Notwendigkeit nicht mehr von anderem hat, sondern diesem die Ursache ist. Kant nimmt eine derartige Argumentation als durchaus denknotwendig an – wir bedürfen dieser Idee –, aber er spricht der Vernunft zugleich die Möglichkeit zu, auch diesen so bestimmten Gott noch zu übergreifen, wie es eben in der Frage geschieht: «Woher bin ich denn?» Wenn aber die Vernunft einerseits auf einen Abschluß drängt und sich andererseits mit diesem nicht zufriedengeben kann, dann zeigt sich, daß sie hier an einen Abgrund gerät, vor dem sie sich zurückhalten muß. Dies Zurückhalten ist möglich, denn, so führt Kant aus, beide Intentionen, sowohl die, die einen Abschluß will, als auch die, die weiter drängt, sind Regeln für das wissenschaftliche Fragen selbst in bezug auf Erscheinungen und betreffen nicht die Dinge an sich .«Wenn ich zu existierenden Dingen überhaupt etwas Notwendiges denken muß, kein Ding aber an sich selbst als notwendig zu denken befugt bin, so folgt daraus unvermeidlich, daß Notwendigkeit und Zufälligkeit nicht die Dinge selbst angehen und treffen müsse, weil sonst ein Widerspruch vorgehen würde; mithin keiner dieser beiden Grundsätze objektiv sei, sondern sie allenfalls nur subjektive Prinzipien der Vernunft sein können, nämlich einerseits zu allem, was als existierend gegeben ist, etwas zu suchen, das notwendig ist, d. i. niemals anderswo als bei einer a priori vollendeten Erklärung aufzuhören, andererseits aber auch diese Vollendung niemals zu hoffen, d. i. nichts Empirisches als unbedingt anzunehmen, und sich dadurch fernerer Ableitung zu überheben. In solcher Bedeutung können beide Grundsätze als bloß heuristisch und *regulativ*, die nichts als das formale Interesse der Vernunft besorgen, ganz wohl beieinander bestehen» [45].

Die eben dargelegte Argumentationsweise, daß Kant auf der einen Seite traditionelle Einsichten übernimmt und auf der anderen Seite diese «überfragt», findet sich immer wieder bei ihm. Wir weisen nur beispielhaft auf die kosmologischen Antinomien hin. Die Thesis der ersten und der zweiten Antinomie gibt traditionelles Denken wieder: «Die Welt hat einen Anfang in der Zeit, und ist dem Raum nach auch in Grenzen eingeschlossen» (Erste Thesis). «Eine jede zusammengesetzte Substanz in der Welt besteht aus einfachen Teilen, und es existiert überall nichts als das Einfache, oder das, was aus diesem zusammengesetzt ist» (Zweite Thesis). Die jeweilige Antithesis «überfragt» die Thesis, indem sie eine Endlosigkeit behauptet: «Die Welt hat keinen Anfang, und keine Grenzen im Raume, sondern ist, sowohl in Ansehung der Zeit, als des Raumes unendlich» (Erste Antithesis). «Kein zusammengesetztes Ding in der Welt besteht aus einfachen Teilen, und es existiert überall nichts Einfaches in derselben» (Zweite Antithesis). Auch hier erklärt Kant in objektiver Hinsicht diesen Widerstreit der Vernunft mit sich selbst für unlösbar und stellt doch zugleich die Möglichkeit, innerhalb der Erscheinungswelt ins Unendliche weiterzugehen, als positive Aufgabe heraus.

Suchen wir von diesen Analysen Kants aus seine Kritik der Metaphysik zu begreifen, so zeigt sich, daß Kant nicht mehr, wie der Rationalismus eines Spinoza oder Leibniz, Vernunft und Sein gleicht. Vielmehr untersucht er kritisch die Vernunft in bezug auf die Möglichkeit ihrer Seinserkenntnis. Diese Untersuchung kann niemand anderes durchführen als die Vernunft selbst. In dieser Selbstkritik zeigt sich daher die Macht der Vernunft. Aber diese Macht ist nur die Macht zur Selbsterkenntnis als Selbstbegrenzung, denn in bezug auf metaphysische Gegenstände erweist sich die Vernunft als «haltlos». Sie hat hier nichts Gegebenes mehr, und darum verwickelt sie sich als bloßes Denken in Widersprüche. Die «transzendentale Dialektik» hat daher die Aufgabe, den inneren *Zusammenhang* von Selbstüberlassenheit der Vernunft und Widersprüchlichkeit des bloßen Denkens konkret aufzuweisen, indem sie zeigt, daß und wie die Vernunft, die sich nur in ihren Begriffen bewegt, in Widersprüche gerät. Die Vernunft ist in sich selbst als Denken, das heißt losgelöst von einem anschaulich gegebenen Seinszusammenhang, ohnmächtig, denn Denken ist nur sinnvoll, wenn es im Dienste der Anschauung stehend diese verständlich macht.

Kant begreift, indem er die Vernunft neu durchdenkt, ihre Endlichkeit. Diese Endlichkeit wird der Vernunft nicht mehr von einem Anderen her, etwa einem Gott, zugesprochen. Sie besteht auch nicht darin, daß – analog dem Ansatz des Descartes – der Denkende selbst sich im Hinblick auf einen Gott begrenzt, von dem her er sich als bedingte Bedingung erfährt. Kant hat zwar die endliche Erkenntnis abgehoben gegen ein mögliches göttliches Erkennen, das gerade nicht denkt, sondern als intuitus originarius seine Gegenstände produktiv anschaut. Aber diese Abhebung vollzieht Kant in kargen und seltenen Bemerkungen [47]. Sie soll keine positive Darstellung des göttlichen Erkennens sein, eine solche Darstellung würde der Kritik, die überhaupt jede Möglichkeit der Gotteserkenntnis bestreitet, widersprechen.

Gerade in dieser Behauptung Kants, daß Gott ein unerkennbarer Gegenstand sei, zeigt sich nun aber die *Grenze* seiner Kritik. Kants ganzes Denken bleibt in eindeutiger Weise gegenstandsbezogen. Kant fragt immer nur: wie kann ich erkennen? Das aber besagt: er setzt seiende Gegenstände als dem Erkennenden an sich äußerlich voraus. Weil aber Kant die Vernunft nur in bezug auf die Gegenstände reflektiert, gelingt es ihm nicht, eine wirkliche Reflexion der Vernunft *auf sich selbst* durchzuführen. Kant leitet diese Reflexion gleichsam ein, um sie dann immer nur abzubrechen. Er entdeckt den Widerspruch in der Vernunft und legt ihn dar, aber er macht ihn nicht zum Problem der Vernunft selbst. Nach Kants gegenstandsbezogenem Ansatz ist dies durchaus konzequent, denn die Aufdeckung des Widerspruches soll ja nur dazu dienen, den Erweis zu liefern, daß das sich selbst überlassene gegenstandslose Denken nichtig ist.

Dieser «erkenntnistheoretische Ansatz» Kants ist in der Geschichte der Metaphysik überholt worden. Dies Überholen – von sachlicher Notwendigkeit bestimmt – vollzog sich in der *Philosophie des Deutschen Idealismus.* Der Deutsche Idealismus hat es sich zur Aufgabe gesetzt, gerade Kants große Entdeckung der Widersprüchlichkeit der Vernunft *an ihr selbst* zu thematisieren. Dies geschah im «positiven» Sinne durch Hegel und im «negativen» Sinne durch den späten Schelling. Wir weisen zum Schluß auf die Reflexionssätze beider Denker, in denen die klassische neuzeitliche Metaphysik ihren Höhepunkt erreicht, kurz hin.

Hegel erklärt Kants Ansicht, den Widerspruch als etwas rein Negatives zu werten, aus dem Vorurteil der Tradition, daß das Sein selbst widerspruchslos sein müsse. Mit der Tradition hält Kant daran fest, daß Gott ein einfaches Sein sei. Nur wenn man diese Gottesvorstellung zugrunde lege, so erklärt Hegel, ist der Gedankengang Kants, daß die Vernunft Gott nicht begreifen könne, weil sie ihn widersprüchlich denke, schlüssig. Dieser Ansatz, so führt Hegel weiter aus, läßt den Widerspruch also in der Weise bestehen, daß sie ihn von den Dingen fernhält und ihn allein dem Denken zuspricht. In seiner Darstellung Kants in den «Vorlesungen über die Geschichte der Philosophie» erklärt Hegel: «Dieser transzendentale Idealismus läßt den Widerspruch bestehen, nur daß das Ansich nicht so widersprechend sey, sondern dieser Widerspruch allein in unser Gemüt falle . . . Das ist zuviel Zärtlichkeit für die Dinge; es wäre Schade, wenn sie sich widersprächen. Daß aber der Geist (das Höchste) der Widerspruch ist, das soll kein Schade seyn. Der transzendentale Idealismus löst also den Widerspruch gar nicht auf. Die Erscheinungswelt hat ein Ansich, dem kommt er nicht zu. Dieses ist ein Anderes, als der Geist. Das Widersprechende zerstört sich; so ist der Geist Zerrüttung, Verrücktheit in sich selbst» [48].

Aus dieser Kritik an Kant spricht das eigene Anliegen Hegels, den Widerspruch *positiv* zu werten, und das heißt Gott selbst als Widerspruch zu setzen. Hegel bestimmt den Widerspruch des

Denkens als Widerspruch des *Seins*, dessen Träger Gott ist. Gott ist als denkendes Sein aber selbstbewußter Geist, und dies besagt: die Vermittlung seines eigenen Widerspruches in und durch sich selbst.

Hegel erklärt in einer kritischen Besprechung der Werke des Herrn Krug, daß es «im jetzigen Augenblicke zunächst Interesse der Philosophie» sei, «einmal wieder Gott absolut vornehin an die Spitze der Philosophie als den alleinigen Grund von allem, als das einzige *principium essendi* und *cognoscendi* zu stellen, nachdem man ihn lange genug *neben* andere Endlichkeiten oder ganz ans Ende als ein Postulat, das von einer absoluten Endlichkeit ausgeht, gestellt hat» [49]. Dies Wort ist gegen Kant gerichtet, und insofern bedeutet es eine Anerkenntnis der durch Kant negierten Metaphysik des Rationalismus. Hegel nimmt gerade die Ansätze Spinozas und Leibniz', von Gott auszugehen, wieder auf. Aber im kritischen Durchgang durch Kant gleicht er Denken und Sein, so daß der Vernunftzusammenhang selbst jetzt das Göttliche ist. Der seiende Gott, an dem Kant mit der Tradition des Rationalismus festhielt, wird aufgehoben in das Denken des Geistes, außer dem nichts ist. Die Philosophie hat in Hegels Denken Gott wiedergewonnen, indem sie ihn in seinem Für-sich-sein negierte und mit der sich denkenden Vernunft glich.

Gerade aber in dieser Gleichung liegt nun der Widerspruch, an dem der *späte Schelling* mit seiner kritischen Reflexion auf Hegels System ansetzt. Schelling geht von der mit dem Sein geglichenen absoluten Vernunft im Sinne Hegels aus. Diese absolute Vernunft müsse, so argumentiert er, auf Grund ihrer Absolutheit die Möglichkeit haben, sich selbst noch einmal zu ihrem denkenden Sein aus eigener Macht zu vermitteln. Schelling wiederholt auf seine Weise in dieser Reflexion die Frage Kants, von der unser Hinweis auf Kant ausging. Das höchste Sein fragt nach seinem eigenen Woher. Aber Schelling schreckt nicht wie Kant vor einer solchen Frage zurück, dieses Zurückschrecken ist ihm gar nicht mehr möglich, weil er bereits *mit* Hegel Vernunft und Sein geglichen hat, so daß die Frage nach dem Woher nicht mehr die Frage eines spekulativen Denkens ist, das sie einem höchsten Wesen *unterschiebt*, sondern die Frage der sich in ihrem eigenen *Sein*, außer dem nichts ist, selbst reflektierenden Vernunft. Es geht in dieser Frage um das Warum des vernünftigen Seins als solchen. Warum, so fragt Schelling wiederholt, ist überhaupt vernünftiges Sein?

Die Antwort Schellings auf diese Frage besagt: die Vernunft kann sich in ihrem eigenen Sein *durch sich selbst* nicht begreifen, weil sie sich nicht über dieses Sein hinaus in ein Jenseits ihrer selbst erheben kann, aus dem sie sich erst entspringen ließe. Die Vernunft muß vielmehr dieses ihr denkendes Sein hinnehmen und sich als gesetzt erfahren von einem Gott, der jenseits des denkenden Seins dieses allererst zu sich ermächtigt.

Schelling wiederholt am Ende der Epoche der konstruktiven Systeme der Neuzeit die Einsicht *Descartes'* von der Endlichkeit der denkenden Subjektivität. Der Unterschied zwischen beiden Denkern ist bedeutsam. Bei Descartes reflektiert sich das welthafte Ich, bei Schelling die denkende Vernunft, in der das Ich im Sinne Descartes' und sein Gegenüber, die Welt, gleichermaßen in einer höheren Gestalt der Subjektivität aufgehoben sind. Aber das innere Gesetz dieser Reflexion ist das gleiche: die Subjektivität sucht sich über sich zu erheben und sich selbst durch sich selbst zu begründen, und gerade in diesem Versuch erfährt sie ihre eigenste Endlichkeit und begreift sich in ihrem Sein von einem Anderen – von Gott her.

HEGELS SYSTEM DES ABSOLUTEN GEISTES UND NIETZSCHES SYSTEM DER EWIGEN WIEDERKEHR DES GLEICHEN

I

Unter den Arbeiten des *jungen Hegel*, die Hermann Nohl 1907 als «Hegels theologische Jugendschriften» herausgab, befinden sich einige wenige Seiten, das sogenannte *«Systemfragment»*, auf denen Hegels frühes Denken sehr eindrücklich zur Darstellung kommt. Diese Blätter sind von Hegel selbst auf den 14. September 1800 datiert. Nohl weist zu ihrer Erläuterung auf einen Brief hin, den Hegel wenige Monate später, am 2. November 1800, an Schelling schrieb. In diesem Brief erklärt Hegel: «In meiner wissenschaftlichen Bildung, die von untergeordneten Bedürfnissen der Menschheit anfing, mußte ich zur Wissenschaft vorgetrieben werden, und das Ideal des Jünglingsalters mußte sich zur Reflexionsform, in ein System zugleich verwandeln . . .» [50]. Von diesen Worten aus läßt sich sehr klar eine Abgrenzung der «Theologischen Jugendschriften» gewinnen. Sie sind noch nicht von der Reflexionsform des späteren Systems bestimmt, gleichwohl wird aus ihnen die Notwendigkeit des Vorgetriebenwerdens und der Verwandlung zum späteren Denkansatz sichtbar.

Wir suchen beide Hinsichten zu verdeutlichen durch eine kurze Interpretation eines wesentlichen Satzes aus diesem Fragment. Hegel spricht von einer Erhebung zum unendlichen Leben und kennzeichnet deren Wesen folgendermaßen: «Diese Erhebung des Menschen, nicht vom Endlichen zum Unendlichen, denn dieses sind nur Produkte der bloßen Reflexion, und als solcher ist ihre Trennung absolut – sondern vom endlichen Leben zum unendlichen Leben – ist Religion» [51]. Dieser Satz gibt mehrere Fragen auf: Was besagt hier der Begriff der Erhebung? Was heißt Erhebung zum unendlichen Leben? Und sodann: Warum spricht der Philosoph Hegel diese Erhebung zum unendlichen Leben nicht der Philosophie, sondern der Religion zu? Wie werden hier überhaupt Religion und Philosophie bestimmt?

Der junge Hegel kennzeichnet in diesem «Systemfragment» die Philosophie als verständige Reflexion. Die Philosophie hat die Aufgabe, über Vorstellungen zu reflektieren, das heißt sie legt diese Vorstellungen auseinander in Begriffe und setzt diese festumrissenen Begriffe nun isoliert je für sich an. Die Philosophie kennt auf Grund dieser Begriffsarbeit nur Gegensätze, und zwar Gegensätze in dreifacher Hinsicht. Sie hat zunächst, weil sie ein Denken ist, das Nichtdenken als Gegensatz sich gegenüber, sie muß sodann innerhalb des Denkens den Gegensatz von Denkendem (Subjekt) und Gedachtem (Objekt) beachten und schließlich innerhalb des Gedachten die Gegensätzlichkeit der Begriffe konstatieren.

Eine solchermaßen bestimmte Philosophie, so führt Hegel aus, ergreift kein wahrhaft Unendliches. Nur «ein Sein durch Reflexion» anerkennend, gibt es für sie allein die Möglichkeit, «daß sie zum Beschränkten das Beschränkende hinzufügte, dieses wieder als ein Gesetztes, selbst als ein Beschränktes erkännte, und von neuem das Beschränkende für dasselbe aufsuchte, und die Forderung machte, dies ins Unendliche fortzusetzen» [52]. Diese Unendlichkeit ist aber nur die schlechte Unendlichkeit, das heißt die Endlosigkeit einer Kette von empirischen Bedingungen.

«Im Gegensatz» zu dieser Philosophie steht die Religion. Religion ist kein Denken in Gegensätzen, sondern hebt das gesondert Teilhafte auf. Hegel erklärt: «Dieses Teilsein des Lebendigen hebt sich in der Religion auf, das beschränkte Leben erhebt sich zum Unendlichen; und nur dadurch, daß das Endliche selbst Leben ist, trägt es die Möglichkeit in sich, zum unendlichen Leben sich zu erheben» [53]. Hier begegnet mehrfach das Wort «Leben». Auch in dem von uns an den Eingang gestellten

Satz spricht Hegel vom Leben. Er bestimmt dort die Erhebung nicht als Erhebung vom Endlichen zum Unendlichen, sondern als Erhebung vom endlichen Leben zum unendlichen Leben. Die Erhebung – und damit suchen wir nun eine Antwort auf unsere erste Frage nach dem Wesen der Erhebung als einer Erhebung zum unendlichen *Leben* zu geben – erhebt über das endliche Leben und hebt hinein in das unendliche Leben, das Erheben selbst aber als Akt, so erklärt Hegel, ist nur möglich, «weil das Endliche selbst Leben ist». Im und als Leben sind Endliches und Unendliches vereint, und diese Vereinigung vollzieht die Religion. Die Religion setzt nicht wie die Philosophie hier das Endliche und dort das Unendliche, sondern hat als wahrhaftiges Leben beides schon miteinander vereint und versöhnt, denn – das ist die innere Voraussetzung dieser Anschauung – das wahrhaftige Leben ist an ihm selbst die Versöhnung aller Gegensätze. Hegel hat diesen Gedanken des versöhnenden Lebens insbesondere in der Jugendarbeit «Der Geist des Christentums und sein Schicksal» dargelegt [54]. Er hat dort gezeigt, daß zum Leben die Liebe gehört, die sich durch alle Trennungen hindurch als Vereinigung des Getrennten durchsetzt. Leben als Liebe ist das lebendige Leben, das heißt es schlägt sich selbst seine Wunden und vermag doch selbst, diese Wunden zu heilen. Das lebendige Leben kann dies vollbringen, weil es als Unendliches alles Endlich-Getrennte als «mannigfaltig Lebendiges» in sich umfängt. Das unendliche Leben ist das Ganze. Dieses Ganze aber – und damit kehren wir noch einmal zu der Frage zurück, warum der junge Hegel der Religion gegenüber der Philosophie den Vorzug gibt – dieses Ganze ist als solches nicht denkbar. Es gilt daher, sich von dem Denken im Teilhaften zu lösen und aufzusteigen zu dem, was über allem Beschränkten ist. Das unbeschränkte Ganze, durch endlose Aneinanderreihung von Teilhaftem nie erreichbar, muß unmittelbar ergriffen werden, und dies eben geschieht in der Religion. In ihr wird der Mensch ohne Reflexion des Ganzen inne. Der Mensch muß das Ganze, insofern er selbst nur Teil ist, außer sich setzen und zugleich damit *sich* außer sich setzen, nur dann findet er Gott: «Wenn er das unendliche Leben als Geist des Ganzen, zugleich außer sich, weil er selbst ein Beschränktes ist, setzt, sich selbst zugleich außer sich, dem Beschränkten, setzt, und sich zum Lebendigen emporhebt, aufs innigste sich mit ihm vereinigt, so betet er Gott an» [55].

Der *reife Hegel* hat nicht mehr der Religion den eigentlichen Zugang zum Unendlichen zugesprochen, sondern der Philosophie, und entsprechend hat er die Religion als unmittelbare Weise des bloßen Vorstellens der Philosophie untergeordnet. Der Grund dieser Umwertung liegt darin, daß Hegel den Gegensatz, den er selbst anfänglich zwischen Religion und Philosophie setzte, aufzuheben strebt. An diesem Gegensatz festhalten und solchermaßen eine Trennung behaupten, das heißt ja die Religion zur Sache des bloßen Gefühls machen, in dem man sich unmittelbar erbaut, und der Philosophie als bloßer Reflexion die Erfüllung durch und mit wahrhaft Wirklichem absprechen.

Diesem Gedanken der Trennung gegenüber gilt es, Philosophie und Religion zu versöhnen. Dies kann aber nur geschehen, wenn man von der Philosophie ausgeht und deren reflektierendes Denken nicht rein negativ wertet. Die reflektierende Zersetzung des Denkens – das erkennt Hegel – ist im Recht, weil das Unmittelbare als solches dem Denken nicht standhält und nicht standhalten kann. Es gilt aber zugleich zu begreifen, daß diese Macht der zersetzenden Reflexion nicht isoliert werden darf, sondern daß es die Aufgabe des Denkens ist, durch die Zersetzung hindurchzugehen und so das Ganze als Ganzes ausdrücklich zu setzen. Hegels Versöhnung von Glauben und Wissen will also den Nachweis erbringen, daß das reflektierende Denken wesenhaft zu dem gehört, was im «Systemfragment» als das nur in der Religion zu ergreifende lebendige Ganze bezeichnet wurde.

Um diese Vereinigung des lebendigen Ganzen mit dem verständigen Denken möglichst konkret aufzuweisen, greifen wir auf einen Abschnitt aus der «Vorrede zur Phänomenologie des Geistes» zurück, der von der *Durchbildung des Verstandes* handelt [56]. Hegel erklärt dort, daß der Verstand Vorstellungen isoliere, indem er sie analysiere. «Diese Analyse kommt zwar nur zu *Gedanken*, welche selbst bekannte, feste und ruhende Bestimmungen sind.» Diese Deutung der Verstandestätigkeit deckt sich ganz mit der Auslegung, die Hegel im «Systemfragment» von der Reflexion gibt, denn diese wird dort als das isolierende Denken in beschränkten Begriffen verstanden. Aber Hegel setzt nun einen Unterschied zum «Systemfragment». Der soeben zitierte Satz enthält ein «zwar», auf das ein «aber» folgt: «Aber ein wesentliches Moment ist dies *Geschiedne*, Unwirkliche selbst; denn nur darum, daß das Konkrete sich scheidet und zum Unwirklichen macht, ist es das sich Bewegende. Die Tätigkeit des Scheidens ist die Kraft und Arbeit des *Verstandes*, der verwundersamsten und größten, oder vielmehr der absoluten Macht.» Hegel wertet nun die Tätigkeit des scheidenden Verstandes unbedingt positiv, weil sie das Konkrete in Bewegung bringt und es damit in seiner unmittelbaren substantiellen Ganzheit aufhebt, um es als gegliedertes und vermitteltes zu begreifen. Hegel fährt darum fort: «Der Kreis, der in sich geschlossen ruht, und als Substanz seine Momente hält, ist das unmittelbare und darum nicht verwundersame Verhältnis. Aber daß das von seinem Umfange getrennte Akzidentelle als solches, das Gebundne und nur in seinem Zusammenhang mit anderm Wirkliche ein eignes Dasein und abgesonderte Freiheit gewinnt, ist die ungeheure Macht des Negativen; es ist die Energie des Denkens, des reinen Ichs.» Als einen Kreis, der in sich ruht und als Substanz seine Momente hält, stellte Hegel im «Systemfragment» das Ganze des Lebens dar. Hegel hatte dies Ganze zwar dort als lebendiges bezeichnet und als solchem kommt ihm Bewegung zu. Aber Hegel hatte sich damals gescheut, diese Bewegung als durch den scheidenden *Ver-*

stand vollzogene Trennung und Absonderung des Akzidentellen anzuerkennen. Jetzt bejaht Hegel diese Trennung, in der sich das unmittelbare Sein des Ganzen auflöst. Hegel weiß um die Furchtbarkeit dieses Absonderns: es führt den Tod herbei. Aber dieser Tod ist nur der notwendige Durchgang zum wahren und wirklichen Leben. Die folgenden Sätze, die wir der Gewalt ihrer Sprache wegen ganz zitieren, sagen dies aus. «Der Tod, wenn wir jene Unwirklichkeit so nennen wollen, ist das Furchtbarste, und das Tote festzuhalten, das, was die größte Kraft erfordert. Die kraftlose Schönheit haßt den Verstand, weil er ihr dies zumutet, was sie nicht vermag. Aber nicht das Leben, das sich vor dem Tode scheut und von der Verwüstung rein bewahrt, sondern das ihn erträgt, und in ihm sich erhält, ist das Leben des Geistes. Er gewinnt seine Wahrheit nur, indem er in der absoluten Zerrissenheit ich selbst findet. Diese Macht ist er nicht als das Positive, welches von dem Negativen wegsieht, wie wenn wir von etwas sagen, dies ist nichts oder falsch, und nun, damit fertig, davon weg zu irgend etwas anderem übergehen; sondern er ist diese Macht nur, indem er dem Negativen ins Angesicht schaut, bei ihm verweilt. Dieses Verweilen ist die Zauberkraft, die es in das Sein umkehrt.» Die wahrhafte Substanz ist nicht das einfach daseiende unmittelbare Ganze, das als unmittelbares dem Verstand entgegensteht, sondern vielmehr das Subjekt, das den scheidenden Tod auf sich nimmt und damit das Ganze zu seiner Bestimmtheit vermittelt. Die wahrhafte Substanz ist das Sein, das die Vermittlung selbst ist. Hegel schließt den Abschnitt daher mit der folgenden Zusammenfassung: «Sie (die Zauberkraft) ist dasselbe, was oben das Subjekt genannt worden, welches darin, daß es der Bestimmtheit in seinem Elemente Dasein gibt, die abstrakte das heißt nur überhaupt *seiende* Unmittelbarkeit aufhebt, und dadurch die wahrhafte Substanz ist, das Sein oder die Unmittelbarkeit, welche nicht die Vermittlung außer ihr hat, sondern diese selbst ist.»

Das Subjekt als sich vermittelnde wahrhafte Substanz ist der *absolute Geist*, das heißt der Geist, der nichts außer sich hat, der also ganz ist, aber in der Weise, daß er seine Ganzheit denkend zu sich selbst bringt. Dieser Geist ist lebendiges Denken, in ihm ist die Trennung von Leben und Denken aufgehoben, denn das Denken ist das Leben des Geistes.

Überblickt man von hier aus noch einmal den Weg, der vom «Systemfragment» zum eigentlichen System Hegels führt, so erkennt man die innere Notwendigkeit dieses Weges. Diese Notwendigkeit ist die Notwendigkeit des Denkens selbst, das sich seiner als Denken ausdrücklich bewußt wird. Das Denken, so stellt es das «Systemfragment» dar, hat etwas als Gegenstand sich gegenüber. Aber dieses Etwas ist ja immer das Andere des *Denkens*, und Denken heißt gerade sich mit seinem Anderen vermitteln. Im und durch das Denken geschieht schon immer die Vermittlung von Denkendem und Gedachtem. Begreift man diese Notwendigkeit auch in bezug auf den «Gegenstand» des «Systemfragmentes»: das als Versöhnung bestimmte unendliche Leben, dann erkennt man, daß im Denken des unendlichen Lebens sich die Versöhnung selbst vollzieht als das, was Denkenden und Gedachtes vereint. Das Denken an ihm selbst ist es also, das den, der «über» die Versöhnung nachdenkt, *und* seinen «Gegenstand», eben die Versöhnung, in sich hineinnimmt in einer Dialektik, in der das zuvor unbegriffene unmittelbare Ganze als die Vermittlung durch die Gegensätze hindurch sich an ihm selbst *begreift*.

Indem Hegel das Denken «über» den Zusammenhang und den Zusammenhang selbst vereint in der Weise, daß das Denken «über» den Zusammenhang sich als die Selbstkonstitution des Zusammenhanges vollzieht, stellt er eine neue Einheit von Gott und Mensch heraus. Diese Konzeption geht über Spinozas Gleichung von Gott und Welt hinaus. Spinoza glich Gott und Welt in der Weise, daß er Gott als den substantiell seienden Träger des Seinszusammenhanges bestimmte, in den der Mensch als ein bestimmter seiender Teil verflochten ist. Diese Gleichung ist von Hegel her gesehen äußerlich, insofern sie Seiendes zueinander in Bezug setzt. Die Gleichung von Gott und Mensch kann nur dort innerlich sein, wo sie vom Geist ausgeht, der der sich vollziehende Bezug ist, in dem nicht nur der Mensch, sondern auch Gott seine seiende Substantialität verliert. Der Geist ist das Ganze des Zusammenhanges, aus dem Gott und Mensch, die beide Geist sind, allein verstehbar werden.

II

Hegels große Konzeption einer Philosophie des absoluten Geistes ist nach seinem Tode durch die Kritik seiner Gegner und seiner Anhänger aufgehoben und überholt worden. Wir suchen die Möglichkeit dieser Überholung und die sich aus ihr ergebende geistesgeschichtliche Situation zu kennzeichnen, indem wir auf *Ludwig Feuerbach* und *Wilhelm Dilthey* hinweisen, denn in beiden Denkern kommt der «Verlust der Metaphysik», der das spätere 19. Jahrhundert kennzeichnet, in seiner Zweideutigkeit zum Ausdruck.

Feuerbach will den Standort des eigenen Denkens bestimmen durch eine Einordnung Hegels in die geschichtliche Entwicklung. Er setzt Hegels System als eine Zwischenstation zum eigenen Ansatz an. Hegel ist nach Feuerbach der Vollender der modernen spekulativen Philosophie, deren Urheber Spinoza ist. Das Wesen dieser spekulativen Philosophie, so erklärt Feuerbach in den «Grundsätzen der Philosophie der Zukunft», «ist nichts Anderes als das *rationalisierte*, *realisierte*, *vergegenwärtigte Wesen Gottes.* Die spekulative Philosophie ist die *wahre*, die *konsequente*, die *vernünftige* Theologie» [57]. Die spekulative Philosophie, so heißt es in den «Vorläufigen Thesen zur Reform der Philosophie», hebt die gemeine Theologie auf, indem sie «das von dieser aus Furcht und Unverstand in das Jenseits entfernte göttliche Wesen ins Diesseits versetzt, das heißt *vergegenwärtigt, bestimmt, realisiert»* [58]. Aber diese Setzung ins Diesseits, das heißt in die Begreifbarkeit, ist selbst noch theologisch gedacht, insofern die spekulative Philosophie Gott als absoluten Geist bestimmt. Die spekulative Philosophie muß daher selbst noch einmal aufgehoben werden durch die «neue Philosophie», das heißt den eigenen Ansatz Feuerbachs. Dieser Ansatz wird als *Anthropologie bestimmt.* Die Anthropologie ist das Geheimnis jeder Art von Theologie, sowohl der natürlich-naiven als auch der spekulativen, denn sie stellt den wahren Anfang heraus. In den «Vorläufigen Thesen» erklärt Feuerbach: «Der Anfang der Philosophie ist nicht Gott, nicht das Absolute, nicht das Sein als *Prädikat* des Absoluten oder der Idee – der Anfang der Philosophie ist das Endliche, das Bestimmte, das *Wirkliche»* [59]. Und eben das einzig Wirkliche ist der Mensch, der konkrete Mensch in allen seinen natürlichen Empfindungen und Strebungen. *«Die neue Philosophie»*, so erklärt Feuerbach in den «Grundsätzen», «stützt sich auf die *Wahrheit der Liebe*, die *Wahrheit der Empfindung* . . . Die neue Philosophie ist in Beziehung auf ihre Basis selbst nichts anderes als das zum *Bewußtsein erhobene Wesen der Empfindung* – sie *bejaht* nur *in und mit der Vernunft*, was *jeder Mensch – der* wirkliche Mensch – *im Herzen bekennt.* Sie ist das zu Verstand gebrachte Herz. Das Herz will keine abstrakten, keine metaphysischen oder theologischen – es will *wirkliche*, es will *sinnliche Gegenstände und Wesen»* [60].

Dieser Ansatz Feuerbachs bedeutet eine Absage an das metaphysische Denken. Diese Absage entspricht einem Zuge der geschichtlichen Entwicklung. Feuerbach denkt auf Grund der Entwicklung der Metaphysik und somit in ihren Bahnen verbleibend «antimetaphysisch». Das Gesetz dieser Entwicklung ist die Aufhebung als Rückweg zum eigentlich Wirklichen. Die «spekulative Philosophie» hebt den jenseitigen Gott in den absoluten Geist auf, so daß nun die «neue Philosophie» ihrerseits den absoluten Geist auf den Menschen zurückführen kann. Der Mensch erscheint damit als der eigentliche Träger aller bisherigen Vorstellungen. Seine Aufgabe ist es nun, den Weg der Metaphysik als Weg zur Aufhebung der Entfremdung zu denken. Die Aufhebung der Entfremdung aber ist positiv die Selbstaneignung des Menschen als des eigentlich Seienden. Dieser Mensch denkt nicht mehr metaphysisch, das heißt er sucht sein Heil nicht mehr in Hinterwelten, sondern allein in seiner eigenen menschlichen Existenz. Aber eben in diesem Sich-auf-sich-stellen nimmt er nun die Stelle ein, die vorher Gott oder der absolute Geist besetzt hielt. Der Mensch ist das ens metaphysicum geworden. Feuerbach bringt diesen Sachverhalt klar zum Ausdruck: wir zitierten vorhin den Satz, in dem als Anfang der Philosophie das Endliche, das Bestimmte, das Wirkliche herausgestellt wurde. Feuerbach gibt zum Begriff «das Endliche» eine Anmerkung, die besagt, daß er hier das Wort «endlich» im Sinne der absoluten Philosophie gebraucht habe, welche vom Standpunkt des Absoluten das eigentlich Wirkliche als endlich bestimme, in Wahrheit sei gerade der wirkliche Mensch nicht als endlich, sondern als unendlich zu denken. «Wenn das Unendliche nur dann ist, nur dann *Wahrheit* und *Wirklichkeit* hat, wenn es bestimmt, das heißt wenn es nicht als Unendliches, sondern als *Endliches* gesetzt wird, so ist ja in Wahrheit das *Endliche* das *Unendliche*.»

Feuerbach zeigt mit dieser Deutung des Menschen die innere Problematik des «Verlustes der Metaphysik» auf. Dieser Verlust ist zweideutig. Er bedeutet – um es noch einmal zu sagen – eine Absage an das, was hinter der Welt ist, aber diese Absage geschieht in der Weise, daß nun diese Welt und ihr Zentrum, der Mensch, die Stellung und die Funktionen übernehmen, die in der traditionellen Metaphysik Gott zukam: der Träger des Seienden zu sein. Diese antimetaphysische Metaphysik kennzeichnet weithin das spätere 19. Jahrhundert. Nicht nur Marx ist von ihr bestimmt, insofern er den Menschen als arbeitendes Wesen zum Träger der Weltgeschichte deklariert und in seiner Befreiung zu sich selbst die Krönung der dialektischen Bewegung erblickt, die Hegel in der Selbsterfassung des Geistes sah; auch die akademische Philosophie des Neukantianismus, die am Ende des 19. Jahrhunderts die Universitäten beherrscht, lehnt, sich auf Kant berufend, die Metaphysik ab in der Weise, daß sie nun den autonomen Menschen als den Träger der Wissenschaft deklariert und ihm so auf Grund seiner Vernünftigkeit die Herrschaft über die Erde zu sichern sucht. Wir übergehen weitere Beispiele und weisen nun auf Wilhelm Dilthey hin, denn in Diltheys Denken erfährt die Problematik des Verlustes der Metaphysik eine Deutung, die zu Feuerbachs Ansatz im Gegensatz steht.

Dilthey begreift, daß seine gegenwärtige Situation bedingt ist durch den Verfall der großen klassischen Metaphysik. Er zieht aus dieser Einsicht die Konsequenz, daß ein System, in dem das Ganze des Seins ein für allemal angemessen zur Aussage käme, unmöglich sei. In großangelegten und auch heute noch nicht überholten Forschungen untersucht er die Geschichte des abendländischen Denkens, insbesondere die neuzeitliche Entwicklung, um zu zeigen, daß sich am Ende «die metaphysische Stellung des Menschen zur Wirklichkeit» auflösen mußte. Diese Forschungen haben also die Aufgabe, die geschichtliche Relativität aller Systeme zu erweisen, und dies besagt: sie destruieren am Ende auch das Schema, das Feuerbach der geschichtlichen Entwicklung zugrunde legte. Der autonome Mensch als Ersatz für Gott kann nicht *absolutes* Ziel der Geschichte sein, insofern er selbst ja geschichtlich bedingt und damit relativ ist. Der «Idealismus der Freiheit», in dem diese Autonomie nach Dilthey ihren Ausdruck findet, ist nur ein Typ unter anderen möglichen Haltungen der Welt gegenüber.

Dilthey denkt die Geschichte nicht mehr als sinnvoll einsichtigen Weg auf ein absolutes Ziel hin, in dem sie ihren endgültigen

Abschluß erhält. Gleichwohl – und dies ist das Wesentliche an seinem Ansatz – bleibt auch er der Metaphysik verhaftet, insofern er gerade die Heraufkunft des historischen Bewußtseins als Sinn der geschichtlichen Entwicklung versteht und dies Bewußtsein nun in einer «Metaphysik des Lebens» begründet. Dilthey erklärt: «Das *historische Bewußtsein* von der *Endlichkeit* jeder geschichtlichen Erscheinung, jedes menschlichen oder gesellschaftlichen Zustandes, von der Relativität jeder Art von Glauben ist der letzte Schritt zur Befreiung des Menschen. Mit ihm erreicht der Mensch die Souveränität, jedem Erlebnis seinen Gehalt abzugewinnen, sich ihm ganz hinzugeben, unbefangen, als wäre kein System von Philosophie oder Glauben, das Menschen binden könnte. Das Leben wird frei vom Erkennen durch Begriffe; der Geist wird souverän allen Spinnweben dogmatischen Denkens gegenüber» [61]. Ein nachdenklicher Sachverhalt: die Aufhebung der systematischen Metaphysik ist der Sinn der Geschichte, denn sie befreit den Menschen, aber diese Befreiung setzt nun nicht «den» Menschen als feste und ungeschichtliche Größe an, sondern als ein durch die Geschichte *bedingtes* Wesen. Was aber ist die Geschichte, insofern sie den Menschen bedingt? Die Antwort, die Dilthey gibt, lautet: die Geschichte ist der Zusammenhang des *Lebens selbst*. Dieses Leben erfassen wir nur erlebend, indem wir uns seinen geschichtlich bedingten Ausdrücken verstehend hingeben. Dilthey weiß, daß das Leben nie an ihm selbst, sondern eben nur in den Ausprägungen erfaßt werden kann, in denen es sich ausspricht. Das eine unergründliche Leben spiegelt sich, so sagt Dilthey, mannigfaltig in Dichtern, Sehern und Philosophen. «Sie stehen alle unter der Macht des Ortes und der Stunde . . . Es ist uns versagt, diese Seiten zusammenzuschauen. Das reine Licht der Wahrheit ist nur in verschieden gebrochenem Strahl für uns zu erblicken» [62]. Diltheys Philosophie des Lebens nimmt den Relativismus also in sich selbst hinein. Darin zeigt sich ihre Überlegenheit gegenüber den zeitgenössischen Versuchen der Neukantianer, die Geschichte als Wissenschaft begründen zu wollen. Während für diese Denker die Vernunft durch Wertsetzungen in das Chaos der Erscheinungen allererst Sinn bringt, ist nach Dilthey die Begründung der Geschichtswissenschaft selbst geschichtlich, das heißt hineingestellt in den Zusammenhang, den sie zum Verstehen erhebt. Dilthey schreibt an seinen Freund, den Grafen Yorck: «Man muß vom Leben ausgehen. Das heißt nicht, daß man dieses analysieren muß, es heißt, daß man es in seinen Formen nachleben und innerlich *die in ihm liegenden Consequenzen ziehen muß*. Die Philosophie ist eine *Aktion*, welche das Leben, das heißt das *Subjekt* in seinen *Relationen als Lebendigkeit, zum Bewußtsein erhebt und zu Ende denkt*» [63]. In diesen Worten kommt der Ansatz Diltheys zu klarem Ausdruck: der Philosoph bestimmt sich seinen Ort von dem her, was ihm vorausliegt, dem Leben, das er nur nacherleben kann. Aber gerade dies Nacherleben ist eine freie Aktion, in der das Leben sich zum Bewußtsein seiner selbst erhebt.

Gemessen an der vorausgehenden Metaphysik scheint Diltheys Ansatz einem schrankenlosen Relativismus das Wort zu reden und in bloßer Betrachtung der Vielfalt der geschichtlichen Erscheinungen im Ästhetizismus zu verschwimmen. Gemessen an der geschichtlichen Entwicklung, in der sich nach Hegels Tode die Metaphysik aufzulösen scheint, beweist dieser Ansatz dagegen, daß die Metaphysik weiter wirkt. In der Gestalt abschließender Systematik ist sie bei Dilthey negiert, aber ihr Wesenszug, daß der Mensch sich bedingt erkennt von einem Anderen, das ihn trägt und durchwaltet, ist in seinem Denken lebendig geblieben.

Wir brechen unsere Hinweise auf Feuerbach und Dilthey ab. Sie hatten zur Absicht, die beiden Grundmöglichkeiten aufzuzeigen, durch die der Bezug zur Metaphysik im späteren 19. Jahrhundert bestimmt wird. Diese Möglichkeiten sind ge-

gensätzlicher Art. Das eine Mal erscheint der Mensch als der eigentliche Träger des Seienden, das andere Mal wird er selbst aufgehoben, nicht mehr zugunsten eines anderen systematisch erfaßbaren Seienden, sondern durch das an ihm selbst nicht bestimmbare Leben. Zwischen diesen beiden Möglichkeiten bewegt sich die Philosophie des späteren 19. Jahrhunderts in ihren vielfältigen Ausprägungen bis hin zur sogenannten Existenzphilosophie, die als solche gerade die Vermischung beider Möglichkeiten darstellt. Die Existenzphilosophie geht aus vom Menschen, aber sie bestimmt diesen Menschen nun gerade nicht mehr im Sinne Feuerbachs als Träger des Seienden, sondern als ein endliches und bedingtes Wesen, wobei sie die Frage nach dem Bedingenden jedoch nicht mehr im Sinn einer systematischen Metaphysik zu beantworten gewillt ist. Die Struktur dieses Ansatzes zeigt sich deutlich in der Philosophie von *Karl Jaspers*, die den herrschenden Geist des 19. und 20. Jahrhunderts eindrücklich zum Ausdruck bringt. Jaspers unterteilt die Philosophie in «Philosophische Weltorientierung», «Existenzerhellung» und «Metaphysik». «Weltorientierung» als solche ist das Wesen der Wissenschaft, durch die sich der Mensch verstehend des Seienden bemächtigt. Jaspers trägt in dieser Anerkenntnis der objektiven Erkenntnis dem sogenannten Siegeszug der Wissenschaft im 19. Jahrhundert Rechnung. Aber die Weltorientierung erfaßt den Menschen nicht in seinem wesentlichen Sein als Freiheit. Dies existentielle Sein ist nur verstehbar in der «Existenzerhellung». Die Existenzerhellung vermag keine verbindliche Erkenntnis zu geben, sie vollzieht sich als jeweiliger Appell an die Existenz des Anderen. Und nur im Raum dieser Existenzerhellung erschließt sich der Existenz die Transzendenz. Diese Transzendenz ist daher unbeweisbar, sie wird allein zugänglich im existentiellen Aufschwung. Ihre Wahrheit ist nur in den vielfachen und sich widersprechenden jeweiligen metaphysischen Erfahrungen gegeben. Jaspers schließt also die Metaphysik nicht aus, aber indem er ihr jede sachgebundene Verbindlichkeit abspricht, entgleitet sie selbst ins Unbestimmte.

III

Überblickt man die philosophische Entwicklung des späteren 19. Jahrhunderts, so zeigt sich ein seltsames Bild. Die Philosophen entsagen der alten Metaphysik, aber sie werden nicht wirklich frei von ihr. Das Entsagen wird nicht vorgetrieben bis zur absoluten Negation. Diese «Halbheit» läßt das spätere 19. Jahrhundert als die Epoche erscheinen, in der die Metaphysik eigentlich weder lebendig noch tot ist.

In dieser Situation ist *Nietzsches Philosophie* zu verstehen. Nietzsche radikalisiert die zaghafte Absage an die Metaphysik, indem er den Zerfall der Metaphysik nicht nur erkennt, sondern bejaht und seinerseits vorwärts treibt. Nietzsches Negation der Metaphysik ist dadurch gekennzeichnet, daß in ihr nicht nur einer «Hinterwelt» abgesagt wird, sondern daß der Grundzug jeder bisherigen Art von Metaphysik verneint wird. Dieser Grundzug ist nach Nietzsche das vernünftige Denken in Werten. Dieses Denken kennzeichnet die gesamte Tradition. Es wird wesentlich im Platonismus, der ein Jenseits von Ideen lehrt, und im Christentum, das den jenseitigen Gott als obersten Wert setzt. Nietzsche erkennt, daß der geschichtliche Verlauf diese Werte radikal entwertet hat. Aber er will nun nicht die alten Werte einfach durch neue ersetzen, sondern sucht vielmehr überhaupt das ganze metaphysische Schema des vernünftigen Wertdenkens zu destruieren. Diese Destruktion geschieht im Namen des Willens zur Macht.

Der *Wille zur Macht* ist kein sinnhafter Ichwille, der bestimmte Ziele und Zwecke verwirklicht und dabei äußere Widerstände zu überwinden hat. Er ist vielmehr der Grundcharakter jedes, nicht nur des menschlichen Lebens, denn das Leben, auch in seinen negativen Formen, ist darauf aus, sich als Leben zu behaupten.

Das aber besagt, das Leben ist bereits in sich selbst Macht und als diese sucht es sich zu erweisen, indem es sich als Macht will. Dieser Wille zur Macht kann nicht gefordert werden. Er ist überhaupt kein Wert. Vielmehr liegt er allen Werten zugrunde. Diese Werte sind keine an sich gültigen idealen Gebilde, sondern die Perspektiven, die, diesseits von wahr und falsch, das Leben sich setzt, um sich als Wille zur Macht mächtig zu erweisen.

Nietzsche entwertet die alte Metaphysik in ihrem Grundansatz, der besagt: ein wahrhaftes und wirkliches Sein liegt allem Seienden zugrunde. Aber – und das ist das Wesentliche – diese Entwertung steht ihrerseits im Dienste einer neuen Metaphysik, denn Nietzsche bestimmt den Willen zur Macht selbst metaphysisch, indem er ihn als den Grundcharakter alles Seienden und das heißt als ewige Wiederkehr des Gleichen denkt. Die *Lehre von der ewigen Wiederkehr des Gleichen* ist das Kernstück von Nietzsches Metaphysik. Sie ist der zum System erhobene Wille zur Macht.

Wenn der Wille zur Macht der Grundcharakter des Lebens ist, das *sich selbst als Macht* will, dann ist dieser Wille ein Kreisgeschehen. Wogegen dieser Wille angeht, das ist kein Äußeres mehr, sondern immer nur er selbst. Er überwindet immer nur sich, deswegen ist er kein Fortschritt, sondern eine ewig sich in sich wiederholende Bewegung. Als solche ist der Wille zur Macht der Zirkel ewiger Gleichgültigkeit. Dieses Kreisen in sich als ewig sich aufhebende Selbstsetzung und ewig sich setzende Selbstaufhebung ist das Grundgeschehen des Seins. Nietzsche hat seine Lehre wissenschaftlich zu stützen gesucht, indem er darauf hinwies, daß die Welt nur ein bestimmtes Quantum von Energie darstelle, das sich in den Verwandlungen seiner selbst im ganzen gleich bliebe und unabwertbar sei. Aber er hat zugleich diesen ewigen Kreislauf unter dem Namen des Gottes *Dionysos* gefeiert. Der bekannte Schlußaphorismus des «Willens zur Macht» weist auf diese Gleichung des Willens zur Macht mit der dionysischen Welt hin: «diese meine *dionysische* Welt des Ewig-sich-selber-Schaffens, des Ewig-sich-selber-Zerstörens, diese Geheimnis-Welt der doppelten Wollüste, dies mein ‹Jenseits von Gut und Böse› ohne Ziel, wenn nicht im Glück des Kreises ein Ziel liegt ohne Willen, wenn nicht ein Ring zu sich selber guten Willen hat, – wollt ihr einen *Namen* für diese Welt? Eine *Lösung* für alle ihre Räthsel? Ein Licht auch für euch, ihr Verborgensten, Stärksten, Unerschrockensten, Mitternächtlichsten? – *Diese Welt ist der Wille zur Macht – und Nichts außerdem!* Und auch ihr selber seid dieser Wille zur Macht – und Nichts außerdem!» [64]

Wenn aber Nietzsches eigentliche Philosophie eine neue Gleichung von Gott und Welt darstellt, dann muß in ihr die Frage der Tradition nach der Einordnung des Menschen in dieses Ganze des Seins wiederholt werden. Nietzsche hat diese Frage gestellt und beantwortet auf eine Weise, die bei aller Unterschiedlichkeit an Hegels System erinnert, denn die Frage nach der Einordnung des Menschen in den Kreisprozeß des Alls wurde für ihn zu der Frage, wie sich der *Philosoph*, der die Lehre von der ewigen Wiederkehr *verkündet*, aus diesem Kreis verstehen kann.

Setzen wir Nietzsches Lehre von der ewigen Wiederkehr des Gleichen zu *Hegels* System in Beziehung, so zeigt sich zunächst ein ganz wesentlicher Unterschied. Auch Hegels Philosophie lehrt das Kreisgeschehen als eigentlichen Seinssinn. In der «Großen Logik» heißt es: «So ist der Anfang der Philosophie die in allen folgenden Entwicklungen gegenwärtige und sich erhaltende Grundlage, das seinen weitern Bestimmungen immanent Bleibende. Durch diesen Fortgang denn verliert der Anfang das, was er in dieser Bestimmtheit, ein Unmittelbares und Abstraktes überhaupt zu sein, Einseitiges hat; er wird ein Vermitteltes, und die Linie der wissenschaftlichen Fortbewegung macht sich damit zu *einem Kreise*» [65]. Hegels Kreis ist die positive Wiederherstellung des Anfangs. Das besagt: der Kreis ist ein einmaliges Gebilde, das die Entwicklung als sinnvoll darstellt.

Ganz anders Nietzsche. Der Kreis – wir deuteten es bereits an – ist als die ewige Wiederkehr des Gleichen. In «Also sprach Zarathustra» heißt es: «Alles geht, Alles kommt zurück; ewig rollt das Rad des Seins. Alles stirbt, Alles blüht wieder auf; ewig läuft das Jahr des Seins. Alles bricht, Alles wird neu gefügt; ewig baut sich das gleiche Haus des Seins. Alles scheidet, Alles grüßt sich wieder; ewig bleibt sich treu der Ring des Seins» [66].

Dieser fundamentale Unterschied zwischen Hegel und Nietzsche ist nicht zu übersehen. Er warnt vor einer Parallelisierung, in der die verschiedenen Ansätze – hier einmaliges und darum sinnvolles Kreisgeschehen, dort ewiges und darum sinnloses Kreisgeschehen – nicht ernst genommen würden. Gleichwohl gibt es eine sachliche Verbindungslinie von Hegel zu Nietzsche, deren Bedeutung wir hier kurz darlegen. Die Nachhegelianer haben sich die Frage vorgelegt: wie soll es eigentlich nach Hegels Tode «weitergehen», wenn Hegel der Meinung war, daß seine Philosophie den Anfang, und zwar *endgültig* wiedergebracht habe? Auch der *späte Schelling* hat sich diese Frage gestellt und versucht, sie zunächst einmal von Hegels eigenem Ansatz her zu beantworten. Wenn Hegel konsequent gedacht hätte, so argumentiert Schelling, dann hätte er sein System zu einer Lehre von einem ewigen Kreisgeschehen erweitern müssen. Der Gott des Hegelschen Systems ist «im Process oder selbst Process», das heißt aber, er ist «der Gott des ewigen immerwährenden Thuns, der unablässigen Unruhe, die nie Sabbath findet, er ist der Gott, der immer nur thut, was er immer gethan hat, und der daher nichts Neues schaffen kann; sein Leben ist ein Kreislauf von Gestalten, indem er sich immerwährend entäußert, um wieder zu sich zurückzukehren, und immer zu sich zurückkehrt, nur um sich aufs neue zu entäußern». Gott wiederholt sich ewig: «das Geschehen ist ein ewiges, das heißt immerwährendes, Geschehen, aber eben darum auch wieder kein eigentliches, das heißt wirkliches, Geschehen»[67]. In diesen Worten deutet Schelling darauf hin, daß ein ewiges Geschehen sinnlos und nihilistisch ist, denn in ihm geschieht eigentlich Nichts, es kommt nur heraus, was schon einmal war, es gibt kein sinnvolles Handeln in die Zukunft hinein.

Es wäre sicher verfehlt, von dieser Kritik des späten Schelling an Hegels Philosophie auszugehen, um von ihr her Nietzsches Konzeption als Konsequenz aus Hegels System erklären zu wollen. Wohl aber läßt sich von hier aus begreifen, warum Nietzsche im Gegensatz zu den anderen Denkern des 19. Jahrhunderts ein metaphysischer Denker von Rang ist. Er setzt weder, wie Feuerbach, den Menschen als summum ens an, noch geht er, wie Dilthey, von einem unfaßbaren und unbestimmten Lebenszusammenhang aus, der die geschichtlichen Erscheinungen durchwaltet. Nietzsche reiht sich vielmehr ein in die Linie der Denker der neuzeitlichen Metaphysik, deren Anliegen von Spinoza an es ist, das Sein als Zusammenhang zu verstehen und diesen Zusammenhang als das einzig Wirkliche anzusetzen. Nietzsche selbst hat von diesem Bezug zur neuzeitlichen Metaphysik nichts gewußt. Er hat seine Lehre von der ewigen Wiederkehr als Intuition empfunden und sie, wenn überhaupt, zu den Griechen und deren Kreislehren in Bezug gestellt. Aber das ändert nichts daran, daß seine Philosophie ihren Ort in der neuzeitlichen Metaphysik hat. Nur wenn man dies erkennt, begreift man, daß die Frage nach der Einordung des Menschen in das Kreisgeschehen eine wesentlich moderne Frage ist, die den Griechen in dieser Weise noch unbekannt war.

Wir gehen, um das Verhältnis des Menschen zur ewigen Wiederkehr zu bestimmen, von einem Wort aus, das sich im «Zarathustra» findet. In dem Kapitel «der Genesende» verkünden die Tiere Zarathustras diesem, daß es sein Schicksal sei, der Lehrer der ewigen Wiederkunft zu sein. Diesem Schicksal könne er sich auch nicht durch den Tod entziehen. Wenn Zarathustra jetzt sterben wollte, würde er zu sich sprechen: «Aber der Knoten von Ursachen kehrt wieder, in den ich verschlungen bin, – der wird mich wieder schaffen! Ich selber gehöre zu den Ursachen der ewigen Wiederkunft» [68].

Diser Satz ist nur aus dem Zusammenhang des ganzen Kapitels zu verstehen, das vom Auftrag Zarathustras, der Verkündiger der Lehre der ewigen Wiederkunft zu sein, handelt. Zarathustra wird, so heißt es, wieder zu diesem Leben kommen, daß er «wieder aller Dinge ewige Wiederkunft lehre». Und eben die Möglichkeit dieser sich ewig wiederholenden Verkündigung gründet darin, daß Zarathustra in den Knoten von Ursachen verschlungen ist, daß er in das Gesamtgeschehen hineingehört, und zwar in der Weise, daß dieses Geschehen ihn dazu bestimmt, es zu verkündigen.

Denken wir hier an Hegel zurück. Der Philosoph Hegel kann den Zusammenhang des ganzen Kreises, der die abendländische Geschichte zur Darstellung bringt, überblicken und zur Aussage bringen, weil dieser Zusammenhang sich in ihm zusammenschließt und reflektiert. Vergleichbares gilt von Zarathustra, auch in ihm bringt sich die ewige Wiederkehr reflektierend zur Darstellung. Beide, Hegel und Nietzsche (Zarathustra), wollen keine beliebige Privatmeinung aussagen, sondern verstehen sich als Aussagende von dem Ganzen her, das sie bedingt. Aber es gilt gleichzeitig, den Unterschied, der hier zwischen Hegel und Nietzsche besteht, zu erfassen. In Hegel reflektiert sich der Zusammenhang einmal, denn er ist ja ein einmaliges Geschehen, an dessen Ende Hegel steht. Hegel nimmt demzufolge eine ganz ausgezeichnete Stellung ein: er ist es, der das Ganze in seinem eigenen Denken wissenschaftlich zusammenfaßt. In Nietzsche dagegen wird sich der Zusammenhang immer wieder einmal reflektieren, denn das Geschehen ist ja ein immer wiederkehrendes.

Nietzsche ist daher eine endgültige Zusammenfassung versagt, denn eine solche Zusammenfassung ist sachlich unmöglich. Das ist der Unterschied, der ebenso beachtet werden muß, wie die Parallele, daß beide Denker von einem Kreisgeschehen ausgehen, das sich in ihnen als Denkern selbst zur Aussage erhebt.

Nietzsche hat diesen Sachverhalt sehr genau durchdacht. Er erklärt, daß das Leben des Menschen immer wiederkehrt, weil es wie eine Sanduhr immer wieder umgedreht wird. «Dieser Ring, in dem du ein Korn bist, glänzt immer wieder. Und in jedem Ring des Menschen-Daseins überhaupt gibt es immer eine Stunde, wo erst einem, dann vielen, dann allen der mächtigste Gedanke auftaucht, der von der ewigen Wiederkunft aller Dinge: – es ist jedesmal für die Menschheit die Stunde des *Mittags*» [69]. Diese Stelle zeigt deutlich, wie Nietzsche die ewige Wiederkehr als Geschehen und ihre Verkündbarkeit zusammendenkt. Die ewige Wiederkehr geschieht ewig. Aber sie geschieht in der Weise der Offenbarkeit oder der Verdecktheit. Wenn sie zuzeiten und zwar in ewiger Wiederholung nicht nur von Nietzsche, sondern auch von anderen verkündet wird, dann gründet dies in ihren eigenen Konstellationen. Es gibt also eine wirkliche Geschehenswiederholung, in die der Mensch einbezogen ist. Der Mensch ist durch das Geschehen immer schon bedingt. Aber eben diese Bedingung ist dialektisch: indem sich die ewige Wiederkehr in den Menschen zeitweilig reflektiert, verweist *sie selbst durch sich selbst* auf den Menschen, diesem zum Wissen oder Nichtwissen um das eigentliche Geschehen bedingend. Nietzsche denkt keine bloß objektive Geschehensabfolge, zu der ein Subjekt sich *willentlich* verhalten kann, sondern die dialektische Einheit von Verkündigtem und Verkündigern. Und er selbst versteht sich als ein solcher Träger der Wahrheit aus dem Geschehen her. Die Verkündigung ist das ihm zugeschickte Schicksal.

Dies Schicksal ist unabwendbar. Dem Verkündiger bleibt kein Ja oder Nein im Sinne freier Entscheidung möglich, sondern allein das Ja. Das zeigt Nietzsches Lehre vom «amor fati» an. Der amor ist bereits durch das fatum selbst bedingt, denn das fatum reflektiert sich ja in dem, dem es sich offenbar macht. Man kann hier an Spinozas «amor intellectualis dei» zurückdenken. Diese Liebe zu Gott (erga deum) wurde von Spinoza bestimmt als Teil der Liebe Gottes zu sich selbst, das heißt auch sie ist nichts, worüber der Mensch frei entscheiden kann, sondern sie ist notwendig.

Wir brechen diesen Hinweis, der zeigen sollte, wie Nietzsche den Verkündiger der ewigen Wiederkehr aus dem Kreisprozeß versteht, ab und weisen nun auf die Probleme hin, die diese Metaphysik aufgibt, Probleme, die Nietzsche selbst nicht nur gesehen hat, sondern in deren Durchdenken er Ansätze zu einer Überholung seines eigenen Systems der Metaphysik gegeben hat. Stellt man einmal Nietzsches Aussprüche über seine Metaphysik der ewigen Wiederkehr zusammen, dann zeigt sich eine gewisse Widersprüchlichkeit. *Karl Löwith* hat in seinem ausgezeichneten und umfassenden Buch über Nietzsche diesen Widerspruch unter den Begriffen einer anthropologischen und einer kosmologischen Deutung der ewigen Wiederkehr zu erfassen gesucht [70]. Nietzsche, so erklärt Löwith, stellt einerseits die ewige Wiederkehr als einen notwendigen und vom Menschen ganz unabhängigen Kreisprozeß dar, andererseits deklariert er die ewige Wiederkehr geradezu als Forderung.

Überdenkt man einmal die Stellen, die Löwith als Beleg für den anthropologischen Aspekt zusammenstellt, dann zeigt sich in ihnen ein Doppeltes. Einmal ein gewisser Zweifel Nietzsches an der absoluten Verläßlichkeit seiner Lehre, an der Behauptung, daß alle Dinge und mit ihnen der Verkündiger wirklich ewig wiederkehren. Aber – und dies ist das Zweite und eigentlich Wesentliche – diese Bedenken werden sofort aufgehoben, indem die Lehre *als ganze* nun den Charakter einer Forderung erhält, genauer: schon der Gedanke ihrer Möglichkeit wird als Positivum gewertet. Wir weisen auf zwei von Löwith angeführte Stellen hin. Nietzsche erklärt: «Wenn du dir den Gedanken der Gedanken einverleibst, so wird er dich verwandeln. Die Frage bei allem, was du thun willst: ‹ist es so, daß ich es unzählige Male thun will?›, ist das *größte* Schwergewicht.» Und die zweite Stelle: «Prüfen wir, wie der *Gedanke*, daß sich *etwas wiederholt*, bis jetzt gewirkt hat (das Jahr zum Beispiel, oder periodische Krankheiten, Wachen und Schlafen usw.). Wenn die Kreis-Wiederholung auch nur eine Wahrscheinlichkeit oder Möglichkeit ist, auch der *Gedanke einer Möglichkeit* kann uns erschüttern und umgestalten, nicht nur Empfindungen oder bestimmte Erwartungen! Wie hat die *Möglichkeit* der ewigen Verdammnis gewirkt!» [71]

Nietzsche – das zeigen diese Stellen sehr deutlich – hebt seinen Zweifel an der systematischen Wahrheit seiner Lehre von der ewigen Wiederkehr als absoluter Auslegung des Seins auf. Er erklärt: auch wenn das System nicht die Wahrheit des Seins darstellt, so ist es, und zwar eben auf Grund seiner immanenten Folgerichtigkeit, immer noch der eigentlich lebensfördernde Gedanke, das größte Schwergewicht, das alle bisherigen Schwergewichte weit hinter sich läßt. Mit anderen Worten: Nietzsche hält sein System als solches in seiner Geschlossenheit durchaus aufrecht, aber er klammert es gleichsam ein und setzt hinter die Klammer ein Fragezeichen: mag das System objektiv wahr oder falsch sein, auf jeden Fall ist es die bisher höchste Perspektive des Lebens selbst, sich seiner als *Wille zur Macht* mächtig zu erweisen. Wir geben einen einzigen Beleg. Nietzsche erklärt in der Zeit 1884/1885, daß es seine Absicht sei, Tatsachen festzustellen und zu beschreiben, aber die letzte Absicht solcher Beschreibung sei «praktische Bewältigung, im Dienste der Zukunft». Und in diesem Zusammenhang findet sich der folgende Satz: «Eine solche vorläufige Conception zur Gewinnung der höchsten

Kraft ist der *Fatalismus* (ego – Fatum), – extremste Form ‹ewige Wiederkehr›» [72]. Nietzsche hebt die metaphysische Ausdeutung des Willens zur Macht im und als System der ewigen Wiederkehr auf, indem er dies System gerade *zurückversetzt* in den Willen zur Macht. Eine erstaunlich konsequente Lösung, denn in ihr wird das System in seinen Ursprung «aufgehoben»: es wird als absolute Metaphysik negiert und eben damit als beste Perspektive aufbewahrt.

Diese Aufhebung – dies sei ausdrücklich gesagt – ist bei Nietzsche nie als die letzte und eigentliche Lösung endgültig herausgestellt, vielmehr ist sein gesamtes spätes Philosophieren von dem Dilemma bestimmt, daß er auf der einen Seite an der objektiven Wahrheit des Systems festhält, und auf der anderen Seite, wenn ihm Bedenken kommen, dies System in den Willen zur Macht zurückversetzt. Dies Hin und Her kennzeichnet sein spätes Werk. Es ist aber kein Widerspruch in der Weise, daß zwei unvereinbare Aspekte gegeneinander auftreten, sondern eine echte Reflexion über die Möglichkeit der systematischen Metaphysik.

Das Wesen dieser Reflexion sei abschließend noch einmal herausgestellt, indem wir auf die *wechselseitige* Verschränkung des Willens zur Macht und der ewigen Wiederkehr hinweisen. Auf der einen Seite erscheint die ewige Wiederkehr als die konsequente Wahrheit des Willens zur Macht und diesem übergeordnet, insofern sie ihn in ein System bringt; auf der anderen Seite erscheint der Wille zur Macht seinerseits als die vorrangige Wirklichkeit, die die Lehre von der ewigen Wiederkehr als Perspektive setzt. Anders gesagt: in Nietzsches Philosophieren gerät die Metaphysik in den Widerstreit, ob sie sich zugunsten eines unverstehbaren Seinsgrundes, genannt Wille zur Macht, negieren, oder ob sie gerade diesen unverstehbaren Seinsgrund noch einmal systematisch als die Wahrheit des Seins auslegen soll.

Dieser Widerstreit ist – und zwar als ganzer – aufgehoben wor-

den durch die «Überwindung der Metaphysik», die der *spätere Heidegger* durchgeführt hat. Heidegger hat auch noch den Willen zur Macht, insofern er ein metaphysischer Begriff ist, negiert. Der Wille zur Macht ist zwar an sich unverstehbar und steht nach Nietzsche diesseits von wahr und falsch, gleichwohl bedeutet er noch eine inhaltliche Aussage über das Wesen des Seins, weil er dieses unter einem bestimmten Gesichtspunkt, eben dem Willen zur Bemächtigung und Machterhaltung, zu erfassen sucht.
Heidegger hat auf jede Möglichkeit, das Sein als das und das festzulegen, Verzicht geleistet. *Mit* Nietzsche hat er nicht nur die Zurückführung des Seienden auf einen zuhöchst seienden Gott negiert, sondern, *über* Nietzsche *hinausgehend*, auch noch dessen Deklarierung des Seins als Wille zur Macht hinter sich gelassen. Gerade darin liegt nun aber die Möglichkeit, das Sein als *reine* Bedingung erfahren zu können, als reine Bedingung, die mich je geschichtlich unberechenbar zu Macht und Ohnmacht bestimmt.
Heidegger denkt gegen die Metaphysik, insofern diese etwas Bestimmtes als Grund des Seienden anzugeben sucht. Aber Heidegger nimmt im positiven Sinn ein *Grundanliegen* dieser Metaphysik auf. Dieses Grundanliegen ist die Einsicht in die Bedingtheit und Endlichkeit des Menschen. Die neuzeitliche Metaphysik hat immer wieder gesucht, dem Menschen diese seine Bedingtheit vor Augen zu führen, indem sie ihn von dem Anderen seiner selbst her verstand. Gerade das Sein im Sinne Heideggers erfüllt diesen Charakter der *reinen* Bedingung in ausgezeichneter Weise. An ihm selbst unverstehbar, durchwaltet und trägt das Sein das Seiende – das Seiende, das vom Sein ontologisch scharf zu unterscheiden ist, und das doch, insofern es seiend ist, auf das Sein als sein dialektisches Anderes verweist.

NACHWORT

Die hier vorgelegten Aufsätze suchen auf die Notwendigkeit eines neuen Durchdenkens des philosophischen Sinnes der neuzeitlichen Metaphysik *hinzuweisen*. Dieser Hinweis vollzieht sich unter dem *Gesichtspunkt* des *Gottesproblems*. Das besagt: er bemüht sich, jede Spekulation, die von vornherein schon um den Sinn dieser geschichtlichen Entwicklung zu wissen vermeint, auszuschließen. Die von Hegel bis heute vorherrschende Deutung der neuzeitlichen Metaphysik glaubt, das Subjekt dieser Geschichte zu kennen, sei es nun als absoluter Geist oder als autonomer Mensch bestimmt. Es wäre abwegig, diese Subjekte nun durch eine Gott genannte neue Gestalt der Subjektivität zu ersetzen. Die Frage, ob Gott der Akteur dieser Geschichte ist, kann ja nur entschieden werden, wenn man bereits begriffen hat, wer dieser Gott eigentlich ist. Aber eben diese Frage ist ihrerseits nur einer Antwort zuzuführen, wenn man die Denker dieser Epoche selbst daraufhin befragt, wie sie Gott bestimmen. Unterließe man es, sich *historisch* an diesen Denkern selbst zu orientieren, und trüge an sie einen Gottesbegriff heran, dann würde man sie an einem Maß messen, das ihnen äußerlich bleibt. Anders gesagt: die Frage nach dem philosophischen Sinn der neuzeitlichen Metaphysik unter dem Gesichtspunkt der Gottesproblematik ist nur dann als Frage sinnvoll, wenn sie sich selbst *in* diese Metaphysik einordnet und aus ihr heraus nach Gott zu fragen sucht.

Dieses Fragen kann eine Ausrichtung aus dem Vollzug dieser Metaphysik selbst gewinnen. Die Logik dieses Vollzuges sei noch einmal herausgestellt. Den Anfang der Entwicklung bilden Denker – Cusanus und Descartes –, die die Subjektivität neu durchdenken und sie als Ausgangspunkt der Erkenntnis deklarieren, aber in der Weise, daß sie diese Subjektivität begrenzen durch einen zu ihr im Gegensatz stehenden Gott, der als unendlicher die endliche Subjektivität trägt. Auf diese Denker des Anfangs folgen dann Systematiker – Spinoza und Leibniz –, deren Anliegen es ist, einen ontologisch einsichtigen Zusammenhang zwischen der menschlichen und der göttlichen Subjektivität zu setzen, und zwar in der Weise, daß sie Gott nicht als Gegensatz zur menschlichen Subjektivität, sondern als den Träger des Gesamtzusammenhanges, in den der Mensch eingeordnet ist, bestimmen. Diese Abfolge wiederholt sich nun in gewisser Weise weiterhin innerhalb der neuzeitlichen Metaphysik: die vermittelnde Systematik wird wiederum in Frage gestellt durch eine erneut radikalere Bestimmung der Subjektivität, die sich ihrerseits in und durch das Gegenüber eines Gottes begrenzt. Dieses Hin und Her bildet den eigentlichen «*Zusammenhang*» der neuzeitlichen Metaphysik. Es bedingt, daß Gott als *Gegensatz* zur endlichen Subjektivität *und* als *Einheit* mit der endlichen Subjektivität bestimmt wird. Der Gott der neuzeitlichen Metaphysik kann weder durch die eine noch die andere Bestimmung begriffen werden, und jeder Denker innerhalb dieser Metaphysik wird überholt, weil und insofern er nur einseitig denkt. Gleichwohl ist allen gegensätzlichen Bestimmungen etwas gemeinsam: die Denker der neuzeitlichen Metaphysik denken Gott und Mensch in und durch den gegenseitigen Bezug, sei dieser Bezug nun als Gegensatz oder als Einheit gesetzt.

Durch diese Bestimmungen gibt die neuzeitliche Metaphysik uns Heutigen, die wir durch sie gekennzeichnet sind, eine Ausrichtung. Sie fordert uns auf zu fragen: was ist das Wesen dieses Denkens, das sich einen Gott vorausdenkt, der sich zwischen den Extremen der Gegensätzlichkeit zu mir und der Einheit mit mir bewegt, in beiden Bestimmungen auf mich bezogen ist und doch nicht im Ich aufgeht?

ANMERKUNGEN

[1]) Hegel, Vorlesungen über die Geschichte der Philosophie, S W XV, 685 f.

[2]) Hegel, a. a. O. XV, 328.

[3]) Dilthey, Gesammelte Schriften II, 348 f.

[4]) Heidegger, Holzwege, Frankfurt/Main 1950, S. 102, 91, 103.

[5]) Hegel, Phänomenologie (Hoffmeister), S. 19.

[6]) Ostendo quod non ita videtur mihi modo, ut quia sit ideo intelligat, sed quia intelligit ideo est, ita quod Deus est intellectus et intelligere, et est ipsum intelligere fundamentum ipsius esse. Eckhart, Werke, herausgegeben im Auftrage der Deutschen Forschungsgemeinschaft, Lateinische Werke V, 40.

[7]) Cf. zu dieser Deutung auch die kurze Schrift des Cusanus «Vom Gottsuchen» und – für die traditionelle Herkunft dieser Etymologie – die Anmerkungen von E. Bohnenstädt zu ihrer bei Felix Meiner erschienenen Übersetzung.

[8]) Deus (theos) ob hoc dicitur, quia omnia intuetur. Cap. I.

[9]) Quid aliud Domine est videre tuum, quando me pietatis oculo respicis, quam te a me videri? Cap. 5.

[10]) Quod enim me non respicis, est, quia te non respicio, sed respuo et contemno. Cap. 5.

[11]) Nam dum video, quomodo ad mutationem meam videtur visus iconae tuae mutatus et facies tua mutata, quia mutatus occurris mihi, quasi sis umbra quae sequitur mutationem ambulantis. Cap. XV.

[12]) Sed quia ego sum viva umbra, et tu veritas, judico ex mutatione umbrae veritatem mutatam. Es igitur Deus meus sic umbra, quod veritas, sic es imago mea et cuiuslibet, quod exemplar. Cap. XV.

[13]) Ducitur igitur desiderium per principium aeternum, a quo habet, quod est desiderium, ad finem sine fine, et hic est infinitus. Cap. XVI.

[14]) Fallat quantum potest, nunquam tamen efficiet, ut nihil sim quamdiu me aliquid esse cogitabo. Adeo ut, omnibus satis superque pensitatis, denique statuendum sit hoc pronuntiatum, Ego sum, ego existo, quoties a me profertur, vel mente concipitur, necessario esse verum. Desc. Oeuvres, ed. Adam et Tannery, VII, 25.

[15]) Quoniam enim omne tempus vitae in partes innumeras dividi potest, quarum singulae a reliquis nullo modo dependent, ex eo quod paulo ante fuerim, non sequitur me nunc debere esse, nisi aliqua causa me quasi rursus creet ad hoc momentum, hoc est me conservet. A. T. VII, 48 s.

[16]) Nec putare debeo me non percipere infinitum per veram ideam, sed tantum per negationem finiti . . .; nam contra manifeste intelligo plus realitatis esse in substantia infinita quam in finita, ac proinde priorem quodammodo in me esse perceptionem infiniti quam finiti, hoc est Dei quam mei ipsius. Qua enim ratione intelligerem me dubitare, me cupere, hoc est, aliquid mihi deesse ac me non esse omnino perfectum, si nulla idea perfectioris in me esset, ex cujus comparatione defectus meos agnoscerem? A. T. VII, 45 s.

[17]) Semper existimavi duas quaestiones, de Deo et de Anima, praecipuas esse ex iis quae Philosophiae potius quam Theologiae ope sunt demonstrandae. A. T. VII, I.

[18]) Heidegger, Was ist Metaphysik? 6. Auflage, Frankfurt/Main, S. 32.

[19]) Heidegger, a. a. O. S. 7.

[20]) Heidegger, a. a. O. S. 38.

[21]) Heidegger, a. a. O. S. 38.

[22]) Heidegger, Holzwege, S. 104.

[23]) Heidegger, Das Ding. In: Vorträge und Aufsätze, Pfullingen 1954, S. 179.

[24]) Schelling, Über die Natur der Philosophie als Wissenschaft, S W IX, 217 f.

[25]) Analysis veram viam ostendit per quam res methodice et tanquam a priori inventa est, adeo ut, si lector illam sequi velit atque ad omnia satis attendere, rem non minus perfecte intelliget suamque reddet, quam si ipsemet illam invenisset. Nihil autem habet, quo lectorem minus attentum aut repugnantem ad credendum impellat; nam si vel minimum quid ex iis quae proponit non advertatur, ejus conclusionum necessitas non apparet, saepeque multa vix attingit, quia satis attendenti perspicua sunt, quae tamen praecipue sunt advertenda. Synthesis e contra per viam oppositam et tanquam a posteriori quaesitam clare quidem id quod conclusum est demonstrat, utiturque longa definitionum, petitionum, axiomatum, theorematum, et problematum serie, ut si quid ipsi ex consequentibus negetur, id in antecedentibus contineri statim ostendat, sicque a lectore, quantumvis repugnante ac pertinaci, assensionem extorqueat; sed non ut altera satisfacit, ne discere cupientium animos explet, quia modum quo res fuit inventa non docet . . . Ego vero solam Analysim, quae vera et optima via est ad docendum, in Meditationibus meis sum sequutus; sed quantum ad Synthesim, etsi in rebus Geometricis aptissime post Analysim ponatur, non tamen ad has Metaphysicas tam commode potest applicari. A. T. VII, 155 s.

[26]) Cf. A. T. VII, 141, 428.

[27]) Cf. A. T. VII, 65.

[28]) Per *causam sui* intelligo id, cuius essentia involvit existentiam, sive id, cuius natura non potest concipi nisi existens. Eth. I, def. I.

[29]) Cum dicimus Deum a se esse, possumus quidem etiam intelligere istud negative, ita scilicet ut tantum sensus sit, nullam esse ejus causam; sed si prius de causa cur sit, sive cur esse perseveret, inquisivimus, attendentesque ad immensam et incomprehensibilem potentiam quae in ejus idea continetur, tam exuperantem illam agnovimus, ut plane sit causa cur ille esse perseveret nec alia praeter ipsam esse possit, dicimus Deum a se esse, non amplius negative, sed quammaxime positive. A. T. VII, 110.

[30]) Substantia prior est natura suis affectionibus. Eth. I, propos. I.

[31]) Cf. Schelling, S. W. 7, 205.

[32]) Singulares cogitationes sive haec et illa cogitatio modi sunt, qui Dei naturam certo et determinato modo exprimunt. Eth. II, propos. I.

[33]) Nos tum agere dico, quum aliquid in nobis aut extra nos fit, cuius adaequata sumus causa, hoc est, quum ex nostra natura aliquid in nobis, aut extra nos sequitur, quod per eandem solam potest clare et distincte intelligi. Eth. III, def. II.

[34]) Nos tum pati dicimus, quum aliquid in nobis oritur, cuius non nisi partialis sumus causa, hoc est aliquid, quod ex solis legibus nostrae naturae deduci nequit. Patimur igitur, quatenus naturae sumus pars, quae per se absque aliis nequit concipi. Eth. IV, propos. II.

[35]) Mentis amor intellectualis erga Deum est ipse Dei amor, quo Deus se ipsum amat, non quatenus infinitus est, sed quatenus per essentiam humanae mentis sub specie aeternitatis consideratam explicari potest, hoc est, mentis erga Deum amor intellectualis pars est infiniti amoris, quo Deus se ipsum amat. Eth. V, propos. XXXVI.

[36]) Hic mentis amor ad mentis actiones referri debet, qui proinde actio est, qua mens se ipsam contemplatur concomitante idea Dei tanquam causa, hoc est actio, qua Deus, quatenus per mentem humanam explicari potest, se ipsum contemplatur concomitante idea sui. Atque adeo hic mentis amor pars est infiniti amoris, quo Deus se ipsum amat.

[37]) Spinosa a pretendu demonstrer, qu'l n'ya qu' une seule substance dans le monde: mais ces demonstrations sont pitoyables ou nonintelligibles. Philos. Schriften, ed. Gerhardt VIII, 13.

[38]) C'est justement par ces Monades que le Spinosisme est detruit, car il y a autant de substances veritables, et pour ainsi dire, de miroirs vivans de l'Univers tousjours subsistans, ou d'Univers concentrés, qu'il y a de Monades, au lieu que, selon Spinosa, il n'y a qu' une seule substance. Il auroit raison, s'il n'y avoit point de monades; alors tout, hors de Dieu, seroit passager et s' evanouiroit en simples accidens ou modifications, puisqu'il n'y auroit point la base des substances dans les choses, laquelle consiste dans l'existence de Monades. Gerh. III, 575.

[39]) Semper notio praedicati inest subjecto in vera propositione.

[40]) Les verités de Raisonnement sont necessaires et leur opposé est impossible, et celles de Fait sont contingentes et leur opposé est possible. Gerh. VI, 612.

[41]) Ut autem paulo distinctius explicemus, quomodo ex veritatibus aeternis sive essentialibus vel metaphysicis oriantur veritates temporales, contingentes sive physicae, primum agnoscere debemus eo ipso, quod aliquid potius quam nihil existit, aliquam in rebus possibilibus seu in ipsa possibilitate vel essentia esse exigentiam existentiae, vel (ut sic dicam) praetensionem ad existendum et, ut verbo complectar, essentiam per se tendere ad existentiam. Gerh. VII, 303.

[42]) On peut même dire que toute substance porte en quelque facon le caractere de la sagesse infinie et de la toute-puissance de Dieu, et l'imite autant qu'elle en est susceptible. Car elle exprime quoyque confusement tout ce qui arrive dans l'univers, passé, present ou avenir, ce qui a quelque ressemblance à une perception ou connaissance infinie; et comme toutes les autres substances expriment cellecy à leur tour et s'y accommodent, on peut dire qu' elle étend sa puissance sur toutes les autres à l'imitation de la toute-puissance du Createur. Gerh. IV, 434.

[43]) Car si quelque homme estoit capable d'achever toute la demonstration, en vertu de la quelle il pourroit prouver cette connexion du sujut qui est Cesar et du predicat qui est son entreprise heureuse; il feroit voir en effect que la Dictature future de Cesar a son fondement dans sa notion ou nature, qu'on y voit une raison, pourquoy il a plustost resolu de passer le Rubicon que de s'y arrester, et pourquoy il a plustost gagné que perdu la journée de Pharsale, et qu'il estoit raisonnable et par consequent asseuré que cela arrivast; mais non pas qu'il necessaire en soy même, ny que le contraire implique contradiction. Gerh. IV, 437 s.

[44]) Kant, WW (Meiner) V, 112.

[45]) Kant, Kritik der reinen Vernunft, B 641.

[46]) Kant, K. d. r. V. B 644.

[47]) Cf. Kant, K. d. r. V. B 72, 139, 145.

[48]) Hegel. S W XV, 582.

[49]) Hegel, Erste Druckschriften, ed. Lasson S. 149.

[50]) Hegel, Briefe von und an Hegel, ed. Hoffmeister, I, 59.

[51]) Hegel, Theologische Jugendschriften, S. 347.

[52]) Hegel, a. a. O. S. 348.

[53]) Hegel, a. a. O. S. 348.

[54]) Hegel, a. a. O. S. 241–342

[55]) Hegel, a. a. O. S. 347.

[56]) Hegel, Phänomenologie, ed. Hoffmeister, S. 29.

[57]) Feuerbach, S W II, 246.

[58]) Feuerbach, S W II, 225.

[59]) Feuerbach, S W II, 230.

[60]) Feuerbach, S W II, 299.

[61]) Dilthey, Gesammelte Schriften, 7, 290 f.

[62]) Dilthey, a. a. O. 8, 222.

[63]) Briefwechsel zwischen Wilhelm Dilthey und dem Grafen Paul Yorck v. Wartenburg. Halle 1923, S. 247.

[64]) Nietzsche, Werke (Großoktavausgabe) XVI, 402.

[65]) Hegel, Große Logik, ed. Lasson, I, 56.

[66]) Nietzsche, a. a. O. VI, 317.

[67]) Schelling, S W X, 160.

[68]) Nietzsche, a. a. O. VI, 322.

[69]) Nietzsche, a. a. O. XII, 63.

[70]) Karl Löwith, Nietzsches Philosophie der ewigen Wiederkehr des Gleichen. 2. Auflage. Stuttgart 1956.

[71]) Nietzsche, a. a. O. XII, 64 f.

[72]) Nietzsche, a. a. O. XIV, 331.

CUSANUS UND DIE GESCHICHTE DER NEUZEITLICHEN METAPHYSIK

wurde als Antrittsvorlesung an der Universität Tübingen am 23. Juni 1955 gehalten.

DER «GOTT DER PHILOSOPHEN» IN DER NEUZEITLICHEN METAPHYSIK

Vortrag, gehalten am 15. Februar 1956 vor der Evang. Theologischen Fachschaft der Universität Tübingen. Am 2. Juli 1956 antwortete Hermann Diem in einem Vortrag «Gott und die Metaphysik», der im Evangelischen Verlag Zollikon/Schweiz erschienen ist.

WALTER SCHULZ, geboren 1912, habilitierte sich 1951 in Heidelberg, von 1955 bis 1978 Ordinarius für Philosophie in Tübingen. Veröffentlichungen u. a.: «Über den philosophiegeschichtlichen Ort Martin Heideggers» (Philosophische Rundschau 1953/54), «Die Vollendung des Deutschen Idealismus in der Spätphilosophie Schellings» (Stuttgart, Kohlhammer, 1955), «Der Gott der neuzeitlichen Metaphysik» (Pfullingen, Neske, 1957), «Das Problem der absoluten Reflexion» (Frankfurt, Klostermann, 1962), «Johann Gottlieb Fichte, Vernunft und Freiheit» (Pfullingen, Neske, 1962) «Sören Kierkegaard, Existenz und System» (Pfullingen, Neske, 1967), «Wittgenstein, Die Negation der Philosophie» (Pfullingen, Neske, 1967), «Philosophie in der veränderten Welt» (Pfullingen, Neske, 1972), «Fichte/Kierkegaard» (Pfullingen, Neske, Neuausgabe 1977), «Ich und Welt» (Pfullingen, Neske, 1979).

WALTER SCHULZ

Walter Schulz legt mit diesem Buch sein lange erwartetes Hauptwerk vor, das die Problematik der Gegenwart und die Stellung der Philosophie in ihr zum Thema hat. Der Leser wird Zeuge einer umfassenden Bestandsaufnahme, in der die verschiedenen Möglichkeiten philosophischen Denkens auf ihre Herkunft und auf ihre Beziehungen zur Wirklichkeit befragt werden. – Die souveräne Beherrschung des Stoffes, die meisterhafte und klare Darstellung, die immer Rücksicht auf den Leser nimmt und zugleich den Schwierigkeiten der Sache gerecht wird, lassen dieses Buch zu einem Ereignis werden, an dem jeder, der die Gegenwart und die heutige Philosophie verstehen will, teilnehmen kann.

Wirklichkeit und Reflexion

Festschrift für Walter Schulz
zum sechzigsten Geburtstag

Herausgegeben von Helmut Fahrenbach. 414 Seiten. Leinen

Die Autoren: Ernst Bloch – O. F. Bollnow – Margherita v. Brentano – Rolf Denker – Helmut Fahrenbach – Iring Fetscher – Hans-Georg Gadamer – Hans-Martin Gauger – Gotthard Günther – Jürgen Habermas – Erich Heintel – Hans Holländer – Dieter Jähnig – Helmuth Plessner – Wolfgang Schadewaldt – Ruth-Eva Schulz-Seitz – Karl-Heinz Volkmann-Schluck – Wolfgang Wieland.

Diese Festschrift ist ein Dokument der breiten Wirkung und Anerkennung, die Werk und Person von Walter Schulz innerhalb und außerhalb der Fachwelt gefunden haben. Sie umreißt die Positionen gegenwärtiger Philosophie und ihrer Beziehungen zu den Wissenschaften, sie enthält eine exemplarische Darstellung der für die heutige Philosophie wesentlichen historischen und systematischen Problembezüge. Sie ist zugleich Antwort und Beitrag der Kollegen, Freunde und Schüler zur universalen Reflexion auf die Philosophie in der wissenschaftlich-technischen Welt, die Walter Schulz in seinem umfassenden Werk »Philosophie in der veränderten Welt« niedergelegt hat.